SUPERVEGANO

MÁS DE 100 RECETAS

DEL CREADOR DE

AVANT-GARDE VEGAN

GAZ OAKLEY

**Fotografías de Simon Smith
y Adam Laycock**

cincotintas

SUPERVEGANO

CONTENIDO

INTRODUCCIÓN

Supervegano es mi primer libro de cocina, ¡gracias por comprarlo!

Escribirlo ha sido todo un placer. Como tal vez ya hayas adivinado, me encanta todo lo relacionado con la comida y cocinar. Comencé Avant-Garde Vegan en Instagram en febrero de 2016, unos meses después de hacerme vegano, pero mi interés por la cocina se remonta a mi infancia. En este libro he querido incluir todas las recetas que he creado desde que me hice vegano. Lo más difícil de todo fue limitar el número de platos a los mejores, que son los que ahora tienes entre las manos.

Estas son las recetas que me gustaría haber tenido cuando me convertí al veganismo, las que pensé que eran imposibles cuando comencé, como el «Solomillo» Wellington de seitán (p. 138). Espero que este libro sirva de ayuda a mucha gente: a los que se acaban de hacer veganos, a los que se lo están pensando o a los veganos más curtidos que quieren experimentar un poco más en la cocina.

Una de mis mayores preocupaciones a la hora de escribir las recetas es asegurarme de que son lo suficientemente sencillas para que cualquiera las pueda hacer sin problemas. Así que no te preocupes: aunque algunas parezcan largas y se necesiten más de cinco ingredientes, todas son perfectamente factibles. Y si no tienes ni idea de por dónde comenzar con los ingredientes veganos o si no sabes si dispones del menaje necesario para este tipo de cocina, en las pp. 8 y 9 encontrarás una práctica lista.

Cada paso de las recetas de este libro pretende extraer todo el sabor de los platos. He echado mano de mi experiencia como chef en cocinas profesionales para emplear técnicas clásicas que no te fallarán cuando hagas estas recetas en tu casa, te lo aseguro. Si buscas más inspiración o quieres verme en acción, échale un vistazo a mi canal de YouTube o a mi cuenta de Instagram. No hay dos platos veganos míos que sean iguales, y su sabor te sorprenderá.

Espero que disfrutes de _Supervegano_. ¡Gracias!

Gaz

INGREDIENTES VEGANOS

AGAR AGAR

En polvo o copos es un agente gelificante procedente de algas marinas; es decir, una gelatina para veganos. Es genial y te permite crear platos increíbles.

ALMIDÓN DE TAPIOCA

La tapioca se extrae de la raíz de la yuca o mandioca. Este almidón mágico da a los platos de queso una textura fantástica.

HUMO LÍQUIDO

Este práctico aromatizante es un ingrediente opcional de mis recetas, pero es fantástico para conseguir ese sabor ahumado.

LECITINA GRANULADA

Hecha a partir de aceite de soja, estos gránulos le aportan a mi receta de «Mantequilla» (p. 14) una gran cremosidad. Los puedes encontrar en cualquier herboristería, y son buenos para los riñones y el hígado.

LEVADURA NUTRICIONAL

Es levadura deshidratada. Tiene un sabor fuerte a frutos secos, queso y crema, por lo que es el ingrediente perfecto en mis recetas veganas de queso y muchas otras en las que necesito un sabor intenso.

MELAZA DE GRANADA

Se trata simplemente de zumo de granada reducido hasta formar una sustancia duce y muy pegajosa.

NÉCTAR DE AGAVE

Es el néctar dulce que se extrae de varias especies de agave, la mayoría de las cuales crecen en México o Sudáfrica. Es un fantástico endulzante natural. En mis recetas suelo recomendar que se utilice néctar de agave o jarabe de arce, ya que son muy parecidos en cuanto a dulzor. Sin embargo, el agave suele ser más económico.

NORI

Se produce triturando alga comestible y prensándola hasta formar finas hojas. Se suele emplear para preparar sushi.

PASTA DE MISO

Hecha a partir de la soja, esta pasta tiene un increíble sabor umami. La puedes encontrar en la sección de comida asiática de la mayoría de los supermercados. Es un ingrediente básico de la cocina japonesa.

RAS EL HANOUT

Es una mezcla de especias molidas. El nombre árabe se puede traducir como «la cabeza de la tienda», es decir, lo mejor que se puede ofrecer.

SEITÁN O GLUTEN DE TRIGO

El gluten de trigo, seitán o carne de trigo es una comida hecha a partir de gluten, la principal proteína del trigo. Este producto lleva años empleándose en las recetas vegetarianas (los monjes budistas lo utilizaban como sucedáneo de la carne) y se suele emplear en la cocina asiática. He modernizado muchas recetas antiguas hasta crear platos increíbles. ¡Me encantan los platos con gluten de trigo!

TOFU

El tofu es la primera proteína vegana en la que la gente piensa. Hay varias maneras increíbles de convertir este aburrido ingrediente en algo espectacular. Se produce cuajando leche de soja y prensándola hasta obtener los conocidos bloques blancos y suaves. El tofu puede ser blando, normal o duro. En todas las recetas de este libro empleo el tofu normal.

UTENSILIOS

BATIDORA

Una de las herramientas más importantes en cualquier cocina vegana que se precie es una potente batidora, y la necesitarás para muchas de mis recetas. Te aseguro que será una muy buena inversión. Yo recomiendo las de la marca Ninja Kitchen System.

BATERÍA ANTIADHERENTE

Asegúrate de tener una buena selección de sartenes y cacerolas antiadherentes de diferentes tamaños. Mantenlas limpias e intenta no rayarlas con utensilios metálicos.

CUCHILLOS

Es imprescindible contar con un juego de buenos cuchillos. Deberías afilarlos antes y después de cada uso, así que también necesitarás un afilador de acero. En YouTube puedes ver mi vídeo sobre cuchillos, en el que doy algunos consejos sobre el cuchillo perfecto para la cocina vegana.

ESPÁTULA

Todo resulta mucho más sencillo si utilizas una espátula: remover, separar, extender... ¡Así que asegúrate de tener una! Verás que se desperdicia mucho menos cuando se utiliza una espátula.

MANDOLINA

Es un utensilio esencial a la hora de preparar recetas como el «Beicon» de berenjena (p. 47), pero también resulta práctica para cortar otras verduras en rodajas muy finas. Asegúrate de utilizarla siempre con la protección puesta.

MOLDES DE TARTA CON FONDO DESMONTABLE

Te recomiendo que utilices siempre los moldes de tarta con fondo desmontable para hacer los bizcochos y tartas que aparecen en mi libro. Así resulta mucho más fácil separar el bizcocho del molde y también queda más presentable.

PARRILLA

Me encanta recrear con ella en la cocina ese olor a chamuscado de la barbacoa. Asegúrate de que es de hierro fundido, pesada, de las que se calienta mucho y mantiene el calor de forma eficiente.

TABLA DE CORTAR

Adoro mi tabla de cortar, de madera y pesada, al igual que muchos de mis seguidores de YouTube. Te recomiendo una de madera, que debes mantener siempre limpia y tratarla con aceite de oliva. Coloca siempre un paño húmedo bajo la tabla para evitar que se mueva mientras cortas en ella.

TAZAS MEDIDORAS Y BÁSCULA DE COCINA

La mayoría de los chefs profesionales cocinan bastante a ojo. Ahora que vivo de las recetas que creo, mido absolutamente todo. Si te estrenas como cocinero, te recomiendo que midas y peses los ingredientes.

RECETAS BÁSICAS

LECHE

La leche vegetal hecha en casa no solo es más rica que la comprada, sino que también es más sana y económica; además, es muy fácil de hacer. Me gusta saber qué lleva lo que como, así que cada semana hago leche un par de veces, normalmente con almendras o anacardos pelados.

PARA 1 LITRO

125 g de almendras o anacardos pelados, o 100 g de copos de avena

1 l de agua filtrada helada

4 dátiles Medjoul, sin hueso (un endulzante opcional, o un poco de néctar de agave, o jarabe de arce, según el gusto)

Una pizca de sal marina

Una pizca de canela molina o de nuez moscada (opcional)

Deja los frutos secos en remojo en agua fría durante al menos 8 h o toda la noche. Yo suelo ponerlos antes de acostarme, y así están listos para preparar la leche por la mañana. Si empleas avena, no necesitas dejarla a remojo; la leche de avena es perfecta si te hace falta leche de inmediato.

Por la mañana, escurre el agua en que se remojaban, introduce los frutos secos en una batidora con el agua filtrada y el endulzante (si lo usas). Asegúrate de que el agua esté muy fría, ya que la batidora generará algo de calor que podría dañar alguno de los nutrientes si la mezcla se calienta al batirla. Tritura hasta que quede homogéneo.

A continuación coloca una tela o gasa de quesero (un paño de cocina limpio también sirve) sobre una jarra o contenedor, de manera que esté estable, y vierte la leche.

Escurre bien la mezcla hasta haber extraído la última gota de leche. Y ya está. Tienes ante ti la mejor leche que puedas encontrar. Incorpora la sal marina, la canela o la nuez moscada, si las usas, y remueve.

Guarda la leche en la nevera en un recipiente limpio y tapado; se conserva hasta 3 días.

No te conformes con los frutos secos y la avena. A menudo preparo leche con semillas de cáñamo peladas. Puedes usar las mismas medidas y no hace falta que las pongas en remojo. También puedes sustituir el agua filtrada por agua de coco.

«MANTEQUILLA»

Esta mantequilla casera es fantástica porque, al igual que la leche, sabes exactamente lo que hay en ella. Es deliciosa para untar sobre una tostada recién hecha, pero también resulta muy buena para preparar masas. Puedes congelarla y así tendrás reservas. No dudes en experimentar con diferentes tipos de aceites vegetales.

PARA UNOS 500 G

120 ml de aceite vegetal

120 ml de leche de soja sin endulzante, a temperatura ambiente

45 g de lecitina granulada

60 ml de aceite de coco sin refinar, derretido

60 ml de manteca de cacao

$\frac{1}{2}$ cucharadita de sal

1 cucharada de zumo de limón

Primero, asegúrate de tener todos los ingredientes medidos y listos. Prepara tu batidora y echa en ella los ingredientes. Bate durante 40 s.

Deberías obtener una mezcla amarillenta y cremosa. Distribúyela en los contenedores que prefieras. Yo suelo guardar algunos en el congelador y un par de ellos en la nevera. Asegúrate de hacerlo rápidamente para evitar que los ingredientes se separen.

La mezcla estará bastante dura cuando la saques de la nevera, así que déjala ablandar antes de untarla.

«QUESO CREMOSO»

No hay nada que me guste más que este queso cremoso para untar sobre un bagel caliente con unos tomates cherry o aguacate por encima: ¡perfecto! Es muy fácil de hacer y se mantiene en la nevera durante 2-3 días, ¡pero está tan rico que la mitad de las veces me lo he comido casi todo antes incluso de que llegue a la nevera!

PARA UNOS 250 G

115 g de anacardos

120 ml de leche de anacardos

2 cucharadas de levadura nutricional en copos

Una pizca de sal marina y de pimienta blanca

$\frac{1}{4}$ cucharadita de cebolla seca granulada

Pon los anacardos en remojo de manera exprés: introdúcelos en un recipiente de vidrio y vierte encima agua hirviendo. Déjalos unos 20 min para que se ablanden mientras mides el resto de ingredientes.

Escurre el agua de los anacardos y échalos en el vaso de la batidora. Incorpora el resto de los ingredientes y bate durante 15 s. Tal vez necesites limpiar las paredes del vaso y remover un poco; luego, vuelve a batir de nuevo.

Cuanto más uniforme sea la mezcla, mejor, así que puedes añadir un poco de leche si lo consideras necesario.

Una vez haya alcanzado una consistencia homogénea, echa el queso en un táper de vidrio con tapa y guárdalo en la nevera.

«QUESO» CON PIMENTÓN AHUMADO Y SALVIA

Me encanta el sabor ahumado, pero si lo prefieres puedes prescindir del pimentón ahumado para que el queso tenga un sabor más neutro. El agar-agar ayuda a que adquiera la consistencia perfecta; lo bueno de este queso es que puedes cortarlo en lonchas e incluso se funde si lo calientas.

PARA 4 «QUESOS»

Un poco de aceite de coco, para engrasar

90 g de almendras o anacardos pelados

240 ml de leche de soja

2 cucharadas de almidón de tapioca

2 cucharadas de levadura nutricional

1 cucharadita de pimentón ahumado dulce, y un poco más para decorar

1 cucharada de salvia seca, y un poco más para decorar

1 cucharada de zumo de limón

1 cucharadita de polvo de agar-agar

Una pizca de sal marina y de pimienta blanca

Engrasa 4 moldes con un poco de aceite de coco.

Pon los anacardos en remojo de manera exprés: introdúcelos en un recipientes de vidrio y vierte encima agua hirviendo. Déjalos unos 20 min para que se ablanden mientras mides el resto de ingredientes.

Cuando los anacardos se hayan ablandado, escúrrelos y échalos en el vaso de la batidora junto con el resto de ingredientes. Bate hasta que obtengas una crema uniforme.

Pon la mezcla en una cacerola. Caliéntala a fuego lento, removiendo constantemente con la espátula hasta que espese y tenga la consistencia de queso fundido. Es muy importante que no dejes de remover, ya que puede pegarse al fondo, lo que arruinaría por completo el sabor, ¡así que no bajes la guardia!

Aparta la cacerola del fuego y vierte la mezcla en recipientes de vidrio; déjalos enfriar en la nevera durante unas 2 h. Este queso se mantiene unos 4-5 días en la nevera.

Para servir, extrae el queso del recipiente, espolvorea con salvia y pimentón, córtalo en lonchas ¡y disfrútalo!

«CRÈME FRAÎCHE»

Este es el condimento perfecto para nachos o cualquier plato picante que necesite un acompañamiento que lo rebaje.

PARA UNAS 5 RACIONES

75 g de anacardos crudos

2 cucharadas de zumo de limón

Una pizca de sal y de pimienta blanca

110 ml de agua filtrada

Pon los anacardos en remojo de manera exprés: introdúcelos en un recipiente de vidrio y vierte encima agua hirviendo. Déjalos unos 20 min para que se ablanden mientras mides el resto de ingredientes.

Cuando los anacardos se hayan ablandado, escúrrelos y échalos en el vaso de la batidora con el resto de ingredientes. Tritura todo hasta que obtengas una mezcla homogénea y cremosa; sirve o guárdalo en la nevera hasta 3-4 días.

«MOZZARELLA» FUNDIBLE

Hice muchos experimentos hasta dar con la receta adecuada, pero el resultado me sorprendió: es la mozzarella vegana más increíble que he probado, y queda perfecta sobre pizzas o como relleno de quesadillas. Puedes darle forma de bolas, pero yo prefiero guardarla en un recipiente hermético e ir usando la que necesito.

PARA UNAS 5 RACIONES

75 g de anacardos crudos

240 ml de leche fría (p. 12)

4 cucharadas de almidón de tapioca

2 cucharadas de levadura nutricional

$\frac{1}{4}$ cucharadita de cebolla seca molida

1 cucharadita de miso blanco

1 cucharadita de zumo de limón

Una pizca de sal marina y de pimienta blanca

$\frac{1}{4}$ cucharadita de ajo en polvo

Pon los anacardos en remojo de manera exprés: introdúcelos en un recipiente de vidrio y vierte encima agua hirviendo. Déjalos unos 20 min para que se ablanden mientras mides el resto de ingredientes.

Cuando los anacardos se hayan ablandado, escúrrelos y échalos en el vaso de la batidora con el resto de ingredientes. Bate hasta que obtengas una mezcla homogénea y cremosa. Sé que en este punto se parece a cualquier cosa menos mozzarella, ¡pero ya verás cómo mejora!

Introdúcela en una cacerola antiadherente, y cuécelo a fuego medio mientras no dejas de removerlo con una espátula. Ten un poco de paciencia, pues deberás hacerlo durante unos 8-10 min. Remueve hasta que sea muy espeso y empiece a separarse de las paredes de la cacerola.

Una vez parezca queso, retíralo del fuego. Puedes servirlo de inmediato o ponerlo en un recipiente de vidrio hermético y guardarlo en la nevera hasta 3 días.

«Mozzarella»

«Queso cremoso»

«Queso» con pimentón ahumado

PASTA BÁSICA CASERA

Hacer tu propia pasta es muy gratificante. Es una de las primeras cosas que aprendí cuando empecé a cocinar. Con esta receta conseguirás una pasta ligera con la que puedes preparar raviolis y muchas otras cosas.

PARA 4 RACIONES

180 g de harina blanca 00

60 g de harina de kamut

Una pizca de sal

4 cucharadas de aceite de oliva virgen extra

160 ml de agua fría

Tamiza las harinas en un cuenco grande y agrega la sal. Haz un hueco en el centro y vierte el aceite de oliva y la mitad del agua.

Mezcla con los dedos o con un cuchillo. Añade suficiente cantidad del agua restante hasta que formes una bola.

Trabaja ligeramente la masa durante 1 min, envuélvela en papel film y guárdala en la nevera durante unos 15 min. Mientras, prepara la máquina de pasta.

Divide la masa en tres partes y extiéndelas con ayuda de la máquina hasta obtener el grosor deseado. Asegúrate de haber enharinado bien la máquina y la pasta. También puedes extenderla con un rodillo, pero te recomiendo que utilices la máquina. ¡Es divertidísimo!

Corta la pasta y dale la forma que quieras. Se conserva en la nevera 2 días.

CREMA DE AVELLANAS NOT-ELLA

Me encantó ver la cara de mi madre cuando probó esta crema por primera vez. El sabor es idéntico al de la Nutella; es exquisita, si me permites que lo diga, y además sabes exactamente qué hay en ella. También queda buenísima como salsa de chocolate si calientas una cucharada con 70 g de leche de almendras.

PARA 1 TARRO DE UNOS 227 G

140 g de avellanas crudas

1 cucharadita de extracto de vainilla

25 g de cacao en polvo ecológico

4 cucharadas de néctar de agave o jarabe de arce

Una pizca de sal marina

2 cucharadas de aceite de coco fundido

240 ml de leche (yo uso Leche de avellanas, p. 12)

Tan solo tienes que echar todo en una batidora y batir durante 20 s. Tal vez debas limpiar las paredes del vaso con la espátula y mezclar otros 20 s o hasta que quede totalmente cremoso.

Vierte la crema en un tarro o recipiente esterilizado y guárdala en la nevera, donde se mantiene hasta 4 días.

«MAYONESA» CREMOSA

Esta receta no podía faltar en el libro; cuando la pruebes, te preguntarás qué necesidad hay de utilizar huevos para hacer mayonesa.

PARA 1 TARRO DE UNOS 227 G

120 ml de leche de soja sin azúcar

1 cucharadita de vinagre de sidra de manzana

1 cucharadita de zumo de limón

240 ml de aceite vegetal

Una pizca de sal marina y de pimienta blanca

Recomiendo fervientemente utilizar una licuadora de mano para esta receta. Tan solo tienes que mezclar la leche, el vinagre y el zumo de limón en el vaso. Mientras bates, añade gradualmente el aceite. Sigue batiendo hasta que hayas incorporado todo el aceite y obtengas una consistencia cremosa tipo mayonesa. Salpimienta a tu gusto.

Esta mayonesa se puede guardar en recipientes herméticos en la nevera hasta 1 semana.

SALSA BARBACOA

Esta salsa con sabor ahumado es el complemento ideal para mis Perritos calientes de la p. 108. También es un adobo perfecto para cosas como el tofu y el tempeh. El fuerte sabor ahumado se consigue gracias al pimentón ahumado y al humo líquido.

PARA 200 ML

120 ml de Kétchup clásico de tomate (página siguiente)

2 cucharaditas de jarabe de arce

2 cucharadas de tamari o salsa de soja

1 cucharada de vinagre de vino blanco

$\frac{1}{4}$ cucharadita de pimienta cayena

$\frac{1}{4}$ cucharadita de pimentón ahumado

$\frac{1}{4}$ cucharadita de ajo en polvo

$\frac{1}{4}$ cucharadita de mostaza en polvo

1-2 gotas de humo líquido

Coloca todos los ingredientes en una cacerola de fondo grueso y remueve a fuego lento para que los sabores se mezclen bien. Mantén en el fuego durante unos 4 min.

Retíralo, deja enfriar durante 1 min aproximadamente, vierte en tarros o recipientes esterilizados y guárdalo en la nevera. Durará 1 semana.

KÉTCHUP ROSA DE REMOLACHA

En esta receta no hay tomate. El dulzor natural y el intenso sabor terroso de la remolacha hacen que sea el ingrediente perfecto para el kétchup, y el color rosa lo hace aún más espectacular.

PARA UNOS 200 ML

500 g de remolacha roja, cocida y en dados

120 ml de vinagre de vino blanco

240 ml de agua

5 cucharadas de azúcar extrafino (superfino) ecológico sin refinar

1 hoja de laurel

2 chalotas, cortadas muy menudas

Un pizca de sal marina y pimienta negra recién molida

Calienta todos los ingredientes en una cacerola de fondo grueso a fuego medio hasta que hierva y cuece a fuego lento durante unos 10 min, o hasta que las chalotas estén tiernas y el líquido haya espesado lo suficiente.

Retira del fuego y deja que la mezcla se enfríe ligeramente antes de sacar la hoja de laurel. Luego viértela en una batidora y bate hasta obtener una salsa homogénea. Debería ser de color rosa claro y tener el aspecto brillante del kétchup.

Repártela con cuidado en tarros o recipientes esterilizados y guárdalos en la nevera para que enfríe. Sírvela y úsala como si fuera kétchup. No suelo guardarla durante más de 3 semanas.

KÉTCHUP CLÁSICO DE TOMATE

¡El kétchup clásico! He preparado kétchup en YouTube con tomates frescos, pero en esta receta uso puré de tomate, así que obtendrás un kétchup de aspecto más parecido al tradicional, con la mezcla perfecta de dulce, picante y, por supuesto, su sabor característico.

PARA 200 ML

110 g de puré de tomate ecológico

3 cucharadas de vinagre de vino blanco

65 g de azúcar extrafino (superfino) ecológico sin refinar

240 ml de agua

$\frac{1}{2}$ cucharadita de sal marina

$\frac{1}{2}$ cucharadita de pimienta negra molida

$\frac{1}{4}$ cucharadita de ajo en polvo

$\frac{1}{4}$ cucharadita de cebolla en polvo

$\frac{1}{4}$ cucharadita de pimienta cayena

Simplemente combina todos los ingredientes en una pequeña cacerola antiadherente. Calienta a fuego medio, removiendo a menudo, hasta que el azúcar se haya disuelto y se hayan mezclado todos los sabores.

Cuece durante 2 min más y luego ponlo con cuidado en botellas o recipientes esterilizados; déjalo enfriar.

Puedes experimentar con diferentes sabores; el pimentón ahumado queda genial.

Salsa barbacoa

Mayonesa

Kétchup de remolacha

Kétchup clásico de tomate

MASA QUEBRADA O BRISA (SALADA)

Esta es la masa perfecta para pasteles, hot pots y muchas otras cosas más. Tan solo necesitarás unos pocos ingredientes para conseguir esta fantástica masa de las que «siempre sale bien».

PARA 1 PASTEL DE 23 CM (PARTE DE ARRIBA Y DE ABAJO)

125 g de «Mantequilla» (p. 14) o margarina vegana

375 g de harina normal

Una pizca de sal

2 cucharadas de Leche de almendras (p. 12)

Introduce todos los ingredientes salvo la leche en un cuenco grande. Mezcla la mantequilla con la harina y la sal con los dedos, hasta que la textura parezca la de las migas de pan.

Vierte la leche suficiente para formar una bola con toda la masa y que no quede nada en el cuenco. Trabájala ligeramente durante unos 2 min y ¡lista!

Yo suelo dividir la masa en 3, envolverla con papel film y guardarla en la nevera o el congelador, dependiendo de cuándo vayas a usarla. Esta masa se puede congelar durante 2meses. Descongélala antes de usarla.

MASA SABLÉ (DULCE)

Esta es mi receta de cabecera para todos aquellos postres en los que se necesite una masa. Es sencillísima de hacer y si no tienes muchas ganas, puedes echar todo en la batidora para mezclarla sin necesidad de ensuciarte las manos. Suelo hacer varias tandas y congelarlas.

PARA 1 PASTEL DE 23 CM (PARTE DE ARRIBA Y DE ABAJO)

125 g de «Mantequilla» (p. 14) o margarina vegana

250 g de harina normal

125 g de azúcar glas

Una pizca de sal

Una pizca de canela molida

2 cucharadas de Leche de almendras (p. 12)

Introduce todos los ingredientes salvo la leche en un cuenco grande. Mezcla la mantequilla con la harina, el azúcar y la sal con los dedos, hasta que la textura parezca la de las migas de pan.

Vierte la leche suficiente para poder formar una bola con toda la masa y que no quede nada en el cuenco. Trabájala ligeramente durante 2 min y ¡lista!

Yo suelo dividir la masa en 3, envolverla con papel film y guardarla en la nevera durante 2 días, o en el congelador durante 2 meses, dependiendo de cuándo vaya a usarla. Échale un vistazo al capítulo Dulces promesas de la p. 182, donde encontrarás algunas deliciosas recetas para postres elaboradas con esta masa: te prometo que se te hará la boca agua.

HOJALDRE

Hoy en día resulta raro ver a un chef no vegano preparando su propio hojaldre, pero es una de las primeras cosas que aprendí cuando me hice chef a los 15 años. Esta versión vegana es mucho más fácil de hacer y con ella sorprenderás a tus amigos cuando les digas que la hiciste tú mismo.

PARA 1 PASTEL DE 23 CM (PARTE DE ARRIBA Y DE ABAJO)

250 g de harina normal para todo uso

Una pizca de sal

250 g de «Mantequilla» (p. 14) a temperatura ambiente, pero no demasiado blanda

5 cucharadas de agua

Tamiza la harina en un cuenco y añade la sal. Incorpora la mantequilla en pequeños bloques y mezcla ligeramente; han de verse los bloques de mantequilla, así que no lo hagas en exceso.

Haz un hueco en el centro y agrega suficiente agua para formar una masa.

Cubre el cuenco y déjalo en la nevera durante unos 15 min.

Enharina ligeramente la superficie de trabajo, que ha de estar limpia, y extiende la masa hasta obtener un rectángulo. Con ayuda de un rodillo, extiende la masa en una dirección hasta que sea unas tres veces más larga que el rectángulo original (unos 20 x 50 cm), manteniendo los bordes cuadrados.

Dobla la parte superior hacia el centro y a continuación la parte inferior sobre la superior. Gira la masa 90 grados y repite el proceso. Yo hago esto 3 veces, girando siempre 90 grados entre cada vez que extiendo con el rodillo y doblo la masa.

Deja enfriar la masa durante 20 min antes de extenderla y cocinar (o puedes guardarla en la nevera durante 2 días o congelarla un máximo de 2 meses hasta que la vayas a utilizar).

CALDO DE VERDURAS

Un buen caldo es algo básico en la cocina de cualquier hogar. Puedes usar mi receta como guía y emplear las verduras que tengas en la nevera; ¡cualquiera sirve para añadirle sabor!

PARA APROXIMADAMENTE 1 LITRO

1 cebolla blanca

$\frac{1}{2}$ puerro

2 dientes de ajo

1 zanahoria

1 rama apio

Un puñado de champiñones blancos

1 cucharada de aceite de oliva virgen extra

Un puñado de perejil picado con el tallo

1 cucharadita de sal

1 cucharadita de pimienta negra recién molida

Corta las verduras y los champiñones en trozos pequeños.

Pon una cacerola de fondo grueso a fuego medio y vierte en ella el aceite de oliva. Incorpora todas las verduras, las hierbas y los champiñones y rehógalos durante unos 3 min, para que vayan soltando el sabor.

Añade la sal y la pimienta, así como agua suficiente para cubrir las verduras. Cuece a fuego lento durante 15 min.

Cuela el caldo y descarta los trozos de verduras; puedes guardarlos para otro uso. Ya tienes el caldo listo.

Se mantiene en la nevera hasta 3 días. Yo suelo congelarlo en diferentes raciones para ir usándolas según lo necesite.

SUCEDÁNEO DE HUEVO

Esto es algo crucial en cualquier cocina vegana, ya que resulta muy práctico para ligar los ingredientes de muchas de mis recetas. Las semillas de chía se hinchan si las dejas en remojo y se vuelven gelatinosas, por lo que son un sucedáneo ideal en cualquier receta que lleve huevo.

PARA 1 CUCHARADA COLMADA O EL EQUIVALENTE DE UN HUEVO

5 cucharadas de semillas de chía blancas

Agua filtrada

Tritura las semillas de chía en una batidora hasta que estén totalmente molidas. Por cada cucharada de semillas molidas añade 3 cucharadas de agua fría filtrada y luego remueve bien.

Introduce la mezcla en un recipiente hermético y guárdala en la nevera durante 2 semanas. Úsala a medida que lo necesites. Yo empleo 1 cucharada colmada del sucedáneo por cada huevo de la receta.

MANTEQUILLA DE CACAHUETES Y ALMENDRAS

¡Cuando hayas probado esta receta nunca más volverás a comprar mantequilla de cacahuete! Es realmente fácil de hacer y con unos pocos ingredientes conseguirás la misma consistencia cremosa. A mí me gusta la mantequilla de cacahuete con cierto sabor tostado, pero si prefieres un sabor más neutro puedes saltarte ese paso.

PARA 1 TARRO DE UNOS 227 G

125 g de cacahuetes crudos sin cáscara ni piel

125 g de almendras peladas

1 cucharada de aceite de cacahuete (u otro aceite sin sabor que prefieras)

Una pizca de sal marina

1 cucharada de néctar de agave o jarabe de arce (opcional)

Forra una bandeja de horno con papel de horno y precalienta el horno a 180 °C. Coloca los cacahuetes y las almendras en la bandeja y tuéstalos durante 8 min o hasta que estén dorados.

Échalos en la batidora y ten una espátula a mano. Muele los cacahuetes hasta que queden finos; para ello necesitarás unos 2 min, en los que deberás batir y limpiar las paredes del vaso varias veces.

Una vez obtenida una pasta fina, tan solo tienes que añadir el aceite, la sal y el néctar de agave o el jarabe de arce (si lo vas a usar). Mézclalo de nuevo hasta obtener una mantequilla de cacahuetes y almendras muy cremosa. ¡Así de sencillo!

Prueba a añadir 1 cucharada de cacao en polvo y 1 cucharadita de vainilla, para darle un toque dulce.

DESAYUNO Y BRUNCH

Salchichas con salvia
y manzana

Supersalchichas de alubias

Alubias cocidas
con pimentón

Revuelto de tofu con
espinacas y tomates cherry

Pasta de aguacate

«Beicon» de tempeh
ahumado

«Beicon» de berenjena

Tortitas de calabaza
con jarabe de arce

Flan tropical de semillas
de chía

Ensalada de frutas y quinoa

Muesli estilo Gaz con
cerezas caramelizadas

«Tortilla» marroquí
de garbanzos

SALCHICHAS CON SALVIA Y MANZANA

Esta receta es el no va más en salchichas veganas, hecha con gluten de trigo o, como dicen los veganos, seitán. Si sigues mi receta obtendrás una salchicha sorprendentemente jugosa; algo que, según mi propia experiencia, se suele echar de menos cuando uno se hace vegano. Te recomiendo que las prepares el día antes de servirlas; incluso puedes congelarlas.

PARA 8 SALCHICHAS

Ingredientes húmedos:

180 ml de Caldo de verduras caliente (p. 31)

3 cucharadas de boletos secos

Un poco de aceite de coco

1 cebolla roja, cortada en trozos iguales

2 dientes de ajo, majados

1 manzana dulce mediana, pelada y cortada en dados de 1 cm

120 ml de zumo de manzana

3 cucharadas de puré de tomate

1 cucharada de salsa de soja

1 cucharada de pasta de miso blanco

$^1/_2$ cucharadita de sal marina

$^1/_2$ cucharadita de pimienta negra recién molida

$^1/_4$ cucharadita de pimienta cayena

1 cucharada de salvia seca

1 cucharadita de semillas de hinojo

Aceite de oliva ligero, para engrasar

Ingredientes secos:

270 g de seitán (gluten de trigo)

50 g de harina de garbanzos

Mezcla el caldo de verduras caliente con los boletos y deja reposar durante 5 min para que se rehidraten.

Precalienta una cacerola antiadherente y echa una pizca de aceite de coco. Cuando el recipiente esté caliente, añade la cebolla, el ajo y los dados de manzana. Baja el fuego y deja que se ablanden y caramelicen ligeramente durante unos 2 min, removiendo a menudo. Transcurrido ese tiempo, incorpora el zumo de manzana y desglasa el recipiente. Cuece durante otros 2 min más, o hasta que la manzana se haya ablandado.

Retira la cacerola del fuego e introduce el contenido en la batidora con el resto de ingredientes húmedos, además de las setas y el caldo. Deja que se asiente durante 5 min para que se enfríe ligeramente mientras pones el seitán y la harina de garbanzos en un cuenco grande.

Bate la mezcla líquida en la batidora hasta que sea uniforme. Incorpórala a los ingredientes secos y remueve rápidamente con una espátula hasta que esté mezclado por completo.

En este punto, deberás arremangarte. Amasa durante unos 10 min, en el cuenco o en una superficie limpia. Si lo consideras necesario, puedes espolvorear harina de garbanzos en la superficie. Cuanto más amases, mayor consistencia de carne tendrán las salchichas una vez cocinadas, así que ¡duro con ellas!

Una vez amasada, divide la mezcla en aproximadamente 8 porciones; yo suelo pesarlas para asegurarme de que son parecidas. Cada salchicha debería pesar unos 110 g.

Calienta agua una olla grande llena hasta la mitad; cuando hierva, baja el fuego para que cueza a fuego lento.

Prepara 8 trozos de papel de aluminio de unos 25 cm de largo, y coloca la parte brillante hacia arriba. Si no te gusta usar papel de aluminio, utiliza papel de horno.

(Continúa en la p. 38)

SALCHICHAS CON SALVIA Y MANZANA (CONT.)

Esparce un poco del aceite de oliva en la parte brillante del papel de aluminio. Con las manos, coge un trozo de masa y dale forma de salchicha. Luego enróllala en el papel de aluminio. Retuerce cada extremo y reserva. Haz lo mismo con el resto de la masa y después aprieta cada salchicha con papel film.

Introduce las salchichas en la olla con agua hirviendo; tapa, reduce el fuego y cuécelas durante 50 min, removiendo de vez en cuando. Mantenla a fuego lento sin dejar que el agua hierva.

Transcurridos 50 min, las salchichas deberían ser firmes al tacto. Con ayuda de una espumadera, saca una para comprobarlo. ¡Ten cuidado, estarán muy calientes! Si aún sigue blanda, vuelve a meterla en el agua y déjalas cocer durante otros 10 min. Cuando las salchichas estén cocinadas y lo suficientemente frías para poder manipularlas, retira el envoltorio.

Saltéalas ligeramente con aceite, u hornéalas a 180 °C durante 10 min o hasta que estén doradas.

SUPERSALCHICHAS DE ALUBIAS

Esta es mi receta favorita de salchichas sin gluten; su sabor es sorprendente y, al estar hechas con habas, resultan muy sanas. Son la salchicha perfecta en cualquier momento del día, pero a mí me encanta tomarlas en un brunch.

PARA 7 SALCHICHAS

1 cucharada de aceite de coco

1/2 cebolla roja, cortada fina

1 diente de ajo, majado

1/2 pimiento rojo morrón, sin semillas cortado muy fino

5 tomates secados al sol, cortados finos

25 g de champiñones blancos, cortados finos

1/4 cucharadita de semillas de hinojo, tostadas y molidas

1/4 cucharadita de pimienta cayena

1/4 cucharadita de pimentón

1/4 cucharadita de orégano seco

1 lata de 400 g de alubias negras, escurridas y aclaradas

1 lata de 400 g de alubias blancas de riñón, escurridas y aclaradas

1 cucharada de puré de tomate

2 cucharaditas de levadura nutricional

1 cucharada de vinagre balsámico

5 cucharadas de harina de trigo sarraceno

2 cucharadas de piñones molidos

1/4 cucharadita de pimienta negra

1/4 cucharadita de sal marina

Precalienta una sartén antiadherente a fuego medio. Añade el aceite de coco, seguido de la cebolla, el ajo, el pimiento, los tomates, los champiñones, las especias y el orégano.

Saltéalo durante 2-3 min, removiendo con frecuencia, hasta que todo se haya ablandado. Resérvalo.

Aplasta ligeramente los dos tipos de alubias en un cuenco grande con ayuda de un pisapatatas, hasta que estén bien mezcladas. Incorpora el contenido de la sartén, seguido por el puré de tomate, la levadura, el vinagre, la harina de trigo sarraceno, los piñones y el aderezo. Mezcla todo con una espátula hasta que esté bien integrado. Si el resultado es bastante líquido, puedes añadir un poco más de harina.

Prepara 7 trozos de papel de horno y de aluminio de unos 25 cm de largo.

Divide la mezcla en 7 porciones y con las manos dales forma de salchichas. Enróllalas primero en el papel de horno, retorciendo los extremos, y luego en el papel de aluminio; vuelve a retorcer los extremos. Cuando tengas todas las salchichas enrolladas en papel de aluminio, enrolla cada una en papel film.

Pon una olla grande con agua a hervir, reduce el fuego e introduce las salchichas. Cuécelas a fuego lento durante 15 min, sin dejar que el agua hierva.

Pasados 15 min, apaga el fuego y mantén las salchichas en agua durante unos 10 min, antes de sacarlas y dejar que enfríen. Cuando estén lo suficientemente frías para poder manipularlas, retira el envoltorio.

Saltéalas ligeramente con aceite de coco, u hornéalas a 180 °C durante 10 min o hasta que se doren.

EL
desayuno vegano
definitivo

EL
desayuno vegano definitivo

ALUBIAS COCIDAS CON PIMENTÓN

Esta es mi versión de las clásicas alubias cocidas con un sabor delicioso e intenso. Son el acompañamiento perfecto para cualquier desayuno.

PARA 4 RACIONES

1 cucharada de aceite de oliva

2 chalotas, cortadas muy menudas

1 diente de ajo, majado

1 cucharadita de pimentón ahumado

Una pizca de sal marina
y de pimienta

1 lata de 400 g de tomates troceados

2 cucharadas de azúcar extrafino
(granulado) sin refinar

1 cucharada de vinagre de vino
blanco

200 g de habones en conserva

200 g de alubias blancas
en conserva

1 cucharada de perejil de hoja lisa,
picado muy fino

Calienta el aceite de oliva en una cacerola antiadherente y rehoga las chalotas y el ajo durante aproximadamente 2 min, removiendo con frecuencia para evitar que se quemen. Incorpora el pimentón y sazona; cuécelo durante 1 min más.

Baja el fuego, agrega los tomates, el azúcar y el vinagre de vino blanco. Cuece a fuego lento y añade las legumbres cocidas mientras sigues removiendo para mezclar.

Cuece durante 3-4 min, removiendo a menudo. Comprueba la sazón. Para servir, espolvorea con perejil.

REVUELTO DE TOFU
CON ESPINACAS Y TOMATES CHERRY

Para mí, el revuelto de tofu es la mejor manera de comenzar el día: es el equivalente perfecto de los huevos revueltos, e incluso más rico. Es una fuente increíble de proteínas, hierro y calcio. La kala namak (sal negra india) le da un toque de sabor a huevo.

PARA 4 RACIONES

1 cucharada de aceite de coco

1 cebolla roja mediana, cortada fina

Un trozo de 400 g de tofu normal

1 cucharadita de cúrcuma molida

$\frac{1}{4}$ cucharadita de pimienta cayena

2 cucharadas de levadura nutricional

60 ml de Leche de almendras (p. 12)

Un puñado de espinacas frescas

150 g de tomates cherry, partidos por la mitad

Una pizca de kala namak (opcional)

Una pizca de sal marina y de pimienta negra recién molida

2 cucharadas de mezcla de semillas, para servir

Precalienta una sartén antiadherente a fuego medio y pon en ella el aceite de coco seguido de la cebolla cortada. Rehoga la cebolla hasta que esté blanda, removiendo con frecuencia.

Mientras se hace la cebolla, escurre el exceso de agua del tofu con la ayuda de papel de cocina, apretándolo para absorber toda la que puedas.

Cuando la cebolla esté blanda, echa en la sartén el tofu deshaciéndolo en trozos con las manos. Remueve y saltéalo durante 2 min.

Incorpora la cúrcuma, la cayena, la levadura y la leche de almendras. Baja el fuego y remueve durante 2 min. Debería empezar a parecerse a huevos revueltos.

Sube el fuego y agrega rápidamente las espinacas y los tomates; remueve durante 1 min o hasta que las espinacas estén cocidas. Sazona con la kala namak, si la usas, la sal marina y la pimienta a tu gusto.

Para servir, espolvorea por encima las semillas mezcladas.

PASTA DE AGUACATE

Este es el plato ideal para preparar con aguacates demasiado maduros. No hay nada mejor sobre un bagel caliente. Conseguir esta delicia de aguacate no podría ser más sencillo; los demás ingredientes transforman por completo el sabor del aguacate. Es un toque de frescor para el desayuno caliente.

PARA 4 RACIONES

2 aguacates muy maduros, pelados y sin hueso

El zumo de $\frac{1}{2}$ lima

Una pizca de sal marina y de pimienta negra recién molida

1 cucharada de cebollinos frescos cortados

$\frac{1}{4}$ cucharadita de guindilla seca en copos (opcional)

Pon el aguacate en un cuenco y machácalo bien. Incorpora el resto de ingredientes y comprueba la sazón.

La lima no solo sirve de aliño, sino que también ayuda a que se mantenga el color verde, así que en teoría puedes prepararlo con 2 h de antelación. No obstante, lo mejor es comerlo de inmediato.

«BEICON» DE TEMPEH AHUMADO

El tempeh no es el ingrediente más sabroso que exista, pero si le das un sabor a beicon resulta increíble. Además, es muy nutritivo y tiene muchas vitaminas. Yo cocino primero el beicon de tempeh en caldo para asegurarme que tiene ese increíble sabor ahumado.

PARA 4 RACIONES

Un trozo de tempeh de 200 g

Para el caldo:

960 ml de Caldo de verduras (p. 31)

1 cucharada de salsa de soja (o tamari si lo quieres sin gluten)

5 cucharadas de jarabe de arce

1 cucharada de vinagre balsámico

1 cucharada de humo líquido

1 cucharada de miso de arroz integral

1 cucharadita de pimentón ahumado

1 cucharadita de salvia seca

1 hoja de laurel

Primero hay que preparar el caldo. Coloca todos los ingredientes del mismo en una olla grande y mezcla bien. Pon la olla en el fuego con la tapa y deja que cueza a fuego lento. Esto activa todos los sabores.

Mientras tanto, corta el tempeh en rodajas de aproximadamente 3-4 mm e introdúcelas con cuidado en el caldo.

Durante unos 20 min mantén el caldo tapado, removiendo de vez en cuando.

Pasados 20 min, el tempeh debería haber absorbido parte del caldo y debería desprender un delicioso olor ahumado.

Con mucho cuidado, retira las rodajas de tempeh de la olla y colócalas en una bandeja de horno forrada con papel de horno. Precalienta el gratinador.

Sube el fuego del caldo y déjalo hervir hasta que se reduzca y tenga una consistencia similar a la de un glaseado. Debería tardar unos 3-5 min, dependiendo de cuánto caldo haya absorbido el tempeh.

Una vez reducido, pinta el tempeh con el glaseado y colócalo bajo el gratinador durante 12 min.

Sírvelo con el desayuno o utilízalo como relleno de bocatas.

«BEICON» DE BERENJENA

Esta alternativa al beicon sin soja no te dejará indiferente. La berenjena tiene un sabor ahumado increíble y puede ser muy crujiente. Asegúrate de que tienes una mandolina o un cuchillo muy afilado para cortar la berenjena. Te recomiendo que emplees la mandolina en la posición más fina, pero siempre con cuidado para no cortarte.

PARA 5 RACIONES

Una berenjena mediana

Para el adobo:

2 cucharadas de jarabe de arce

2 cucharadas de salsa Coconut Aminos (alternativa sin gluten a la salsa de soja)

2 cucharadas de miso sin soja

1 cucharada de melaza de granada

2 cucharaditas de pimentón ahumado

$1/4$ cucharadita de ajo en polvo

$1/2$ cucharadita de humo líquido

Precalienta el horno a 150 °C y forra una bandeja de horno con papel de horno.

Primero, mezcla todos los ingredientes para el adobo en un cuenco pequeño.

Prescinde de los extremos de la berenjena y córtala con la mandolina a lo largo en láminas de aproximadamente 2 mm. Corta cada lámina por la mitad a lo largo; tampoco es necesario, pero así se parecerá más al beicon.

Baña cada lámina de berenjena en el adobo, y escurre el exceso. Colócalas en la bandeja de horno.

Una vez que hayas rebozado todos los trozos de berenjena, hornéalos durante 15 min.

Transcurridos unos 7 min, comprueba la cocción y píntala con más salsa.

Cuando hayan pasado los 15 min, retira la bandeja del horno. La berenjena debería estar dorada y, en parte, crujiente. Me encanta la mezcla de bordes crujientes y el centro más jugoso y blando.

TORTITAS DE CALABAZA
CON JARABE DE ARCE

Con su sabor dulce y su alto contenido en almidón, la calabaza resulta fantástica en pasteles y en muchos otros postres. Queda genial como ingrediente principal de estas tortitas de desayuno y la receta no podría ser más sencilla. Yo suelo asar la calabaza la víspera si sé que las voy a preparar para desayunar, pues la masa es incluso mejor cuando la calabaza está fría.

PARA 8-10 TORTITAS

1 calabaza de tamaño medio (puede ser calabaza común o calabaza violín)

180 g de copos de avena para preparar papilla

280 ml de Leche de almendras (p. 12)

4 cucharadas de jarabe de arce

Una pizca de sal marina

1 cucharadita de levadura química en polvo

Un chorro de zumo de limón

1 cucharada de aceite de coco, para freír

Para servir:

3 cucharadas de yogur de coco

50 ml de jarabe de arce

Un puñado de nueces

Un puñado de semillas de calabaza

Un puñado de fruta, como fisalis

La víspera, precalienta el horno a 180 °C. Asa la calabaza entera en una bandeja de horno durante 1 h aproximadamente, hasta que esté blanda. Resérvala hasta el día siguiente.

El día siguiente, extrae la pulpa con una cuchara y descarta las semillas y la piel. Necesitarás 120 g para esta receta.

Cuando estés listo para hacer las tortitas, echa la avena en la batidora y muele a velocidad máxima durante unos 30 s. Deberías obtener una harina muy fina, como avena en polvo.

Incorpora el resto de ingredientes a la batidora y dale unos cuantos golpes; luego ábrela y mezcla con una espátula. Vuelve a batir durante unos 30 s o hasta que veas que la mezcla es homogénea.

Precalienta una sartén antiadherente a fuego muy bajo y vierte un poco de aceite de coco. La sartén estará lo suficientemente caliente cuando al echar un poco de masa esta chisporrotee. Cuando esté lista, echa poco a poco la masa directamente desde el vaso de la batidora o con ayuda de un cucharón. Yo suelo hacer tortitas de unos 7,5 cm, lo que corresponde a 5 cucharadas de masa.

Haz cada tortita unos 2-3 min por cada lado. Engrasa con cuidado la sartén con aceite de coco entre una tortita y otra, para evitar que se peguen. Yo empleo papel de cocina para quitar el exceso de aceite.

Una vez que hayas cocinado todas las tortitas, apílalas y sírvelas acompañadas del yogur de coco, un chorrito de jarabe de arce, nueces, semillas de calabaza y fruta.

FLAN TROPICAL
DE SEMILLAS DE CHÍA

Las semillas de chía son otro gran alimento que me encanta incluir en mis desayunos. Son una excelente fuente de ácidos grasos esenciales omega 3. En este caso les he dado un toque tropical.

PARA 2-3 RACIONES

5 cucharadas de semillas de chía

240 ml de agua fría filtrada

1 plátano congelado

1 mango maduro, pelado y cortado en dados

250 ml de leche de coco

1 cucharadita de esencia de vainilla

$\frac{1}{2}$ cucharadita de cúrcuma fresca (opcional)

Para añadir por encima:

1 maracuyá, despulpado

2 cucharadas de copos de coco

2 cucharadas de yogur de coco

Un puñado pequeño de menta fresca, picada

La raspadura de 1 lima

Rodajas de mango

Lo primero que necesitamos hacer es transformar las semillas de chía. Ponlas en remojo con el agua en un cuenco y métela en la nevera durante al menos 30 min. Yo las dejo toda la noche.

Mientras tanto, prepara el resto de ingredientes. Echa el plátano, la mitad del mango en dados, la leche de coco, la esencia de vainilla y la cúrcuma en la batidora y bate a alta velocidad durante 30 s o hasta que quede una mezcla homogénea.

Haz un puré con el resto del mango. Yo lo reservo como aderezo del flan.

Incorpora la mezcla de plátano y mango a las semillas de chía que tienes en remojo, remueve bien y sírvelo con una cuchara en boles de desayuno.

Puedes servirlo echando por encima el maracuyá, los copos de coco y el yogur, y decorado con la menta fresca, la raspadura de lima, y el puré y las rodajas de mango.

ENSALADA DE FRUTAS Y QUINOA

La quinoa es, literalmente, un superalimento. Es uno de los alimentos con mayor cantidad de proteínas que podemos tomar. Yo le doy un poco de vida en esta ensalada, pues combina genial con los pistachos y la fruta; aunque tú puedes adaptarla a tu gusto. Es fantástica para un desayuno preparado de antemano que te puedes llevar para comer sobre la marcha.

PARA 2-3 RACIONES

200 g de quinoa, cocinada y fría

5 cucharadas de néctar de agave

La piel y el zumo de una lima

2 cucharadas de menta fresca picada muy fina

2 cucharadas de copos de coco

1 cucharada de semillas de chía

Sugerencias para añadir por encima:

Un puñado de arándanos

Un puñado de fresas

1 kiwi, pelado y en rodajas

1 manzana, pelada, sin corazón y partida en trocitos

1 maracuyá, despulpado

Un puñado de frambuesas

Un puñado de cerezas

3 cucharadas de pistachos, descascarados

Pon la quinoa ya cocida en un cuenco y añade el néctar de agave, la piel y el zumo de la lima, la menta, el coco y las semillas de chía. Remueve hasta que la quinoa esté bien impregnada de esta deliciosa mezcla dulce y con sabor a lima.

Sírvela en boles y recubre con la fruta fresca y los pistachos.

También puedes echar yogur de coco por encima de la ensalada. ¡Así de sencillo!

MUESLI ESTILO GAZ
CON CEREZAS CARAMELIZADAS

Mi receta de muesli es de lo más sencillo. Puedes usar esta receta como simple guía y escoger la combinación de frutos secos y semillas que prefieras, pero te recomiendo fervientemente las cerezas caramelizadas.

PARA UNAS 5 RACIONES

180 g de copos de avena tradicionales

30 g de trozos de nueces crudas

30 g de copos de coco

30 g de semillas (calabaza, linaza, sésamo, girasol, chía, cáñamo)

60 g de fruta seca (orejones de albaricoque, uvas pasas, mango, cerezas)

1 cucharada de aceite de coco, fundido

2 cucharadas de jarabe de arce o néctar de agave

Para las cerezas caramelizadas:

200 g de cerezas

1 cucharadita de aceite de coco

1 cucharada de azúcar de coco

Precalienta el horno a 180 °C.

Pon la avena, los frutos secos, los copos de coco, las semillas, la fruta seca, el aceite de coco y el jarabe de arce o néctar de agave en un cuenco grande y remueve. Asegúrate de que todo queda bien impregnado de aceite de coco y jarabe. Sé flexible: si necesitas más jarabe o aceite, añádelo.

Coloca papel de horno sobre una bandeja de horno. Extiende la mezcla de muesli de manera homogénea sobre la bandeja y hornéala durante unos 8-10 min; cuando haya pasado la mitad del tiempo, remuévelo (las partes externas se suelen hacer antes).

Cuando esté dorado, retíralo del horno. Olerá a las mil maravillas. Deja que se enfríe y luego pásalo a un tarro de conserva (se mantendrá fresco durante al menos una semana) o añade una porción a tu bol de desayuno.

Para preparar las cerezas, quítales el tallo y córtalas a la mitad para deshuesarlas. Una vez listas todas las cerezas, precalienta una cacerola antiadherente a fuego medio.

Vierte el aceite de coco y agrega las cerezas. Saltéalas durante 2 min, removiendo con frecuencia, antes de añadir el azúcar de coco. Baja el fuego y cocínalas durante otros 2 min, removiendo a menudo.

Retira del fuego y con ayuda de una cuchara coloca las jugosas cerezas caramelizadas sobre el muesli. Si quieres, puedes servirlo con una buena cucharada de yogur vegetal y menta fresca.

«TORTILLA» MARROQUÍ DE GARBANZOS

Disfruta de la magia de los garbanzos... Este plato recuerda a una tortilla, pero, si me lo permites, debo decir que sabe mucho mejor. He añadido algunos sabores norteafricanos para darle un toque marroquí.

PARA 1 «TORTILLA» GRANDE

Para la «tortilla»:

120 g de harina de garbanzos

1 cucharadita de ras el hanout

$1/2$ cucharadita de comino molido

$1/4$ cucharadita de pimienta cayena

$1/4$ cucharadita de pimentón

$1/4$ cucharadita de cúrcuma molida

$1/4$ cucharadita de tomillo fresco picado

Una pizca de sal marina y de pimienta negra recién molida

2 cucharadas de levadura nutricional

1 cucharadita de levadura química en polvo

Unos 250 ml de agua

Para el relleno:

1 pimiento rojo (morrón)

1 cebolla roja pequeña

6 tomates cherry

10 aceitunas verdes sin hueso

Un puñado de espinacas

Un poco de aceite de oliva para freír

Para añadir por encima:

Un puñado de hojas pequeñas de espinacas, frescas

1 cucharada de Hummus de la p. 87

Un aguacate en rodajas

Primero, necesitarás un cuenco grande donde mezclar. Echa en él todos los ingredientes para la tortilla, excepto el agua. Remueve bien y luego, mientras bates con un batidor de varillas, añade suficiente agua para obtener la consistencia de la masa para tortitas.

Cubre la masa y métela en la nevera durante 15 min, mientras preparas los ingredientes para el relleno.

Corta el pimiento rojo y la cebolla en rodajas muy finas; cuanto más finas y uniformes, mejor. Parte los tomates por la mitad y corta las aceitunas en tres. Lava las espinacas.

Precalienta una sartén grande para horno y antiadherente y ponle una gota de aceite de oliva (yo uso una sartén de 28 cm). Precalienta el gratinador.

Echa en la sartén el pimiento y la cebolla y saltéalos a fuego medio durante 2 min, removiendo con frecuencia. Cuando estén blandos, sácalos de la sartén y ponlos en el cuenco con los tomates, las aceitunas y las espinacas.

Baja el fuego y añade un poco más de aceite si lo consideras necesario. Con un cucharón, echa la masa, seguida de inmediato por la mezcla de pimientos y espinacas.

Calienta a fuego medio durante 3 min y luego coloca la sartén bajo el gratinador para que se haga la parte superior. Hornéalo durante 3-4 min o hasta que esté dorada.

Pasa el contenido de la sartén a un plato caliente y decora la tortilla con espinacas ligeramente aderezadas, el hummus y el aguacate.

SOPAS

SUPERGAZPACHO VERDE ESTILO GAZ

Esta receta, intensa, enérgica, refrescante y con sabor a pimiento, es una de las sopas de verano más fácil de preparar, pero es muy importante aderezarla como se debe. Pruébala una y otra vez hasta que des con toda la potencia de sabor. Los cubitos de hielo con pétalos de rosa harán que tu gazpacho ascienda de categoría y dejarán a tus invitados boquiabiertos. Son la cosa más sencilla de hacer, pero son muy bonitos y aportan un toque floral. Es mejor servir el gazpacho frío, recién sacado de la nevera, así que prepáralo con al menos 1 h de antelación.

PARA 4-5 RACIONES

4 puñados de espinacas, lavadas

3 dientes de ajo

1 pepino, sin semillas y en trozos

$\frac{1}{2}$ guindilla verde, sin semillas

Un puñado de menta fresca

Un puñado de perejil fresco

Un puñado de albahaca fresca

1 aguacate muy maduro, sin piel ni hueso

5 cebolletas

5 cucharadas de yogur de coco

2 cucharadas de aceite de oliva extra virgen

2 cucharadas de vinagre de vino blanco

Aproximadamente 1 l de agua filtrada

Una pizca de sal y de pimienta

Un poco de zumo de limón (opcional)

Para servir:

Pétalos de rosa secos

Tomates cherry

Tirabeques

Berro

Rosas de aguacate
(ver a continuación)

Antes de hacer la sopa, prepara los espectaculares cubitos de hielo con pétalos de rosas. Llena la bandeja de cubitos de hielo con agua y pon en cada hueco 3-4 pétalos. Mete la bandeja en el congelador para que se congelen.

Introduce todos los ingredientes para la sopa, excepto el agua, la sal y la pimienta, en la batidora. Es muy probable que tengas que hacer esto en diferentes fases, ya que tal vez no quepan todos los ingredientes sólidos en el vaso. Cuando esté todo casi batido, agrega el agua. Sigue añadiendo agua y batiendo hasta conseguir una mezcla homogénea.

El truco con el gazpacho es asegurarte de que la sopa quede muy suave. No tiene que haber grumos, así que si tu batidora no es muy potente y no lo mezcla todo por completo, pásalo por un colador.

Echa la sopa en un recipiente y sazona. Esto es crucial: sé generoso con la sal y la pimienta para sacarle todo el sabor al plato. Si lo prefieres, añade más zumo de limón en lugar de sal; esto hará que destaquen los sabores.

Enfría la sopa en la nevera hasta que llegue el momento de servir. ¡Así de fácil!

Sirve la sopa en platos y coloca tres cubitos de hielo en cada uno de ellos, unos cuantos tomates cherry y los tirabeques, unos berros y una rosa de aguacate (para impresionar a tus invitados). Para ver cómo hacer una rosa de aguacate, echa un vistazo al primer vídeo que colgué en YouTube (¡cuando aún era tímido!).

Supergazpacho verde estilo Gaz

Velouté de guisantes con raviolis

VELOUTÉ DE GUISANTES
CON RAVIOLIS DE REMOLACHA

Esta receta se me ocurrió cuando trabajaba en el restaurante Le Gallois; era todo un éxito en primavera y verano. La combinación de guisantes, wasabi y remolacha es increíble. Servíamos la sopa en una jarrita junto a un plato en el que poníamos los raviolis de remolacha crudos, las verduras y los aros de chalotas crujientes. El velouté de guisantes es muy rápido y fácil de hacer, y es muy rico ya de por sí, pero te recomiendo que lo sirvas con los raviolis y los condimentos si se trata de una ocasión especial.

PARA 2 RACIONES

Para el velouté:

2 cucharadas de aceite de oliva virgen extra

5 chalotas, cortadas muy menudas

Una pizca de sal y de pimienta

900 g de guisantes congelados

750 ml de Caldo de verduras (p. 31)

470 ml de Leche de almendras (p. 12)

El zumo de ½ limón

Para los raviolis de remolacha:

1 remolacha, pelada

1 cucharada de vinagre de vino blanco

El zumo de ½ limón

1 cucharada de jarabe de arce

¼ cucharadita de semillas de amapola

¼ cucharadita de semillas de sésamo

5 cucharadas de «Queso cremoso» (p. 15)

¼ cucharadita de pasta de wasabi

Para los aros de chalota crujientes:

1 chalota, pelada y cortada en aros muy finos

60 g de mezcla de harina sin gluten

Una pizca de sal y de pimienta

750 ml de aceite vegetal para freír

Para decorar:

Un puñado de espárragos, habas y guisantes, hechos ligeramente al vapor

Rábanos en rodajas

Berros

Primero, haz la sopa, que puedes preparar de antemano y dejar enfriar.

En una olla grande a fuego bajo, pon el aceite de oliva y las chalotas cortadas con una pizca de condimento. Rehoga las chalotas hasta que estén translúcidas. Remueve y ten cuidado de que no se quemen.

Una vez que estén listas, añade la mitad de los guisantes, remueve y deja que se descongelen y cuezan durante unos 5 min. Incorpora el caldo y la leche, tapa la olla y cuece a fuego lento durante 4 min.

Cuando la sopa hierva, agrega el resto de guisantes y un poco más de aderezo (añadir la mitad de los guisantes congelados más tarde es un pequeño truco para que la sopa mantenga su color verde y su sabor fresco). Prolonga la cocción durante 2 min más mientras preparas la batidora.

Retira la sopa del fuego, viértela en la batidora y bate a alta velocidad. Tal vez tengas que hacerlo en varias tandas, dependiendo del tamaño de tu batidora. Asegúrate de que la sopa queda muy suave, ya que si presenta algún grumo no se considera velouté. Para estar más seguro, puedes pasarla por un colador.

Una vez esté todo mezclado, incorpora el zumo de limón. Luego, reserva la sopa y déjala enfriar hasta

que la necesites, aunque también puedes servirla de inmediato.

Para preparar los raviolis de remolacha, córtala en rodajas lo más finas que puedas con una mandolina; asegúrate de usar la protección para la mano. Necesitarás un par de rodajas de remolacha de buen tamaño por persona.

A continuación, mezcla el vinagre, el zumo de limón, el jarabe de arce y las semillas de amapola y sésamo en un cuenco, añade las rodajas de remolacha y déjalos marinar durante al menos 30 min.

Mientras tanto, prepara el relleno de los raviolis: tan solo hay que mezclar el queso cremoso con el wasabi en un cuenco.

Cuando la remolacha haya marinado, coloca 5 rodajas en una bandeja de horno (un truco: asegúrate de que las rodajas más pequeñas estén en la parte de abajo). Pon una cucharada del relleno de queso en el centro de cada rodaja y luego otra rodaja de remolacha encima. Haz todo esto con mucho cuidado, para que tengan aspecto de raviolis. Mételos en la nevera para que enfríen hasta que llegue el momento de servir.

Para hacer los aros de chalota crujientes, rebózalos en una mezcla hecha con la harina, la sal y la pimienta. Llena una sartén no más de

la mitad de aceite vegetal y calienta hasta que al echar un trozó de pan en él chisporrotee y se dore en cuestión de segundos (si usas una freidora, ajústala a unos 170 °C). Introduce los aros en el aceite con cuidado pero con rapidez y fríelos durante 1 min o hasta que estén dorados. No los metas todos a la vez, ya que se pegarían unos a otros. Sácalos del aceite y ponlos sobre papel de cocina para quitar el exceso de aceite. Haz esto justo antes de servir para que estén bien crujientes.

A la hora de servir, dispón un ravioli de remolacha en el centro del plato. Coloca alrededor la verdura, las rodajas de rábanos y los aros de chalota crujientes. Espolvorea por encima un poco de berro picante. Sirve la sopa en una jarrita, muy caliente, para que cada uno se la vierta en el plato.

SOPA PÚRPURA CON PIMIENTOS

Esta es la sopa más púrpura que puedes hacer con col lombarda y cebolla roja. La col es muy nutritiva y muchos desconocen lo versátil que puede ser; esta sopa es un claro ejemplo de ello. El tomillo combina a la perfección con su sabor y el vinagre balsámico y la manzana aportan un dulzor exquisito.

PARA 5 RACIONES

2 cebollas rojas

1 col lombarda mediana

1 manzana dulce grande

2 cucharadas de aceite de oliva virgen extra

4 ramitas de tomillo fresco, solo las hojas

750 ml de Caldo de verduras (p. 31)

470 ml de Leche de almendras (p. 12)

2 cucharadas de vinagre balsámico

Una pizca de sal y de pimienta

Para decorar:

Rodajas de manzana

Una cucharada de «Crème fraîche» (p. 17)

Hojas de tomillo y cebollino frescos, troceadas

Pela y corta las cebollas en rodajas; asegúrate de que todos los trozos sean de tamaño similar para que se hagan de forma homogénea. Retira las capas más externas de la col y lávala. Córtala por la mitad y de nuevo por la mitad, y luego en tiras de tamaño parecido. Ralla la manzana, evitando el corazón, que es más amargo.

Precalienta una cacerola grande a fuego medio y vierte en ella el aceite de oliva. Una vez esté caliente, incorpora la cebolla, la col y la manzana. Salpimienta y agrega el tomillo; sazonarlo tan pronto aumentará el sabor.

Cocina durante unos 4 min, removiendo a menudo para evitar que se queme. Debería haberse reducido a la mitad de su tamaño en 4 min, momento para añadir el caldo, la leche y el vinagre balsámico. Remueve bien y tapa. Cuece a fuego lento durante 10-15 min y luego comprueba que la col esté blanda. Si es así, puedes comenzar a batirla. Este tipo de sopa no me preocupa en exceso si queda muy suave o no; de hecho, está rica con un poco de textura, así que es mejor emplear una batidora de mano, ya que resulta mucho más sencillo.

Una vez batida, pruébala y rectifica de sal si es necesario; a veces le añado un poco más de pimienta negra recién molida, ya que combina muy bien con la col lombarda. Sirve esta impactante delicia púrpura de pimientos rematada con unas rodajas de manzana fresca, una cucharada de crème fraîche y un poquito de tomillo y cebollinos.

SOPA FRAGANTE DE CHIRIVÍA Y LENTEJAS

Esta aromática sopa es muy nutritiva y cremosa, y resulta ideal para los días fríos. Las lentejas tienen mucha fibra y ayudan a reducir el colesterol malo. Remátala con la ensalada picante de zanahoria y cilantro y las virutas crujientes de chirivía.

PARA 4-5 RACIONES

1 cucharada de aceite de coco

1 cebolla blanca mediana, cortada en rodajas muy finas

1 cucharadita de jengibre fresco troceado

2 dientes de ajo, majados

1 cucharadita de comino molino

1 cucharadita de cilantro molido

1/4 cucharadita de cúrcuma molida

1/4 cucharadita de guindilla molida

1/4 cucharadita de cardamomo molido

1/4 cucharadita de canela molida

5 chirivías, peladas y cortadas en dados

200 g de lentejas rojas, lavadas

720 ml de Caldo de verduras (p. 31)

480 ml de Leche de soja o de almendras (p. 12)

Una pizca de sal y de pimienta

Semillas de cebolla negra, para servir

Para las virutas crujientes de chirivías:

1 chirivía, pelada

3 cucharadas de aceite vegetal

Una pizca de sal y de pimienta

Para la ensalada de zanahoria y cilantro:

1 zanahoria

1 cebolla roja, cortada en rodajas muy finas

Un puñado de cilantro fresco, picado

1 guindilla verde, cortada muy menuda

Precalienta el horno a 180 °C.

Primero, prepara la sopa. Calienta el aceite de coco en una olla grande con tapa, a fuego medio, y añade la cebolla, el jengibre y el ajo. Remueve durante 1 min; luego, agrega todas las especias. Salpimienta y cuece durante 2-3 min, removiendo con frecuencia. En este punto, el olor tiene que ser increíble.

Incorpora las chirivías a la olla, y luego las lentejas. Remueve rápidamente y agrega el caldo de verduras y la leche, que hace que las chirivías conserven su color. Tapa la olla, reduce el fuego y cuece durante 20 min.

Mientras tanto, prepara las virutas crujientes de chirivías. Pélalas, córtalas en tiras con la ayuda de un pelador y ponlas en un cuenco. Rocíalas con aceite, condimenta y mézclalas a conciencia, asegurándote de que quedan bien bañadas en el aceite.

Forra una bandeja de horno con papel de horno y extiende las tiras de chirivías. No hace falta que seas muy meticuloso: basta con que no estén unas encima de otras. Ásalas en el horno a media altura durante 10-12 min. Cuando estén listas, espolvorea sal por encima para que se mantengan crujientes y resérvalas.

Pasados 20 min, comprueba si las lentejas y las chirivías de la sopa están blandas y retira la olla del fuego. Utiliza una batidora de mano para batir la sopa en la misma olla; no hace falta que quede muy suave. Si crees que está demasiado espesa, puedes añadir más agua o leche.

Justo antes de servir la sopa, prepara la ensalada de zanahorias. Ralla la zanahoria en un cuenco, añade las rodajas de cebollas, el cilantro y la guindilla. Remueve para que se mezcle todo por completo.

Sirve la sopa adornándola con la ensalada de cebolla, las virutas crujientes de chirivía y un poco de semillas de cebolla negra espolvoreadas.

CALDO DULCE Y ESPECIADO

Esta sopa, toda una explosión de sabores sorprendentes y que se prepara en tan solo 20 min, es dulce y picante, pero resulta deliciosa. Si quieres, puedes añadirle noodles de arroz para hacer de ella un plato completo.

PARA 4 RACIONES

2 cucharadas de aceite de sésamo

2 cucharadas de jengibre fresco, picado muy fino

2 dientes de ajo, majados

1 guindilla roja mediana, sin semillas y cortada muy menuda

180 g de tofu normal, cortado en dados de 1 cm

70 g de setas shiitake, en rodajas

1 l de Caldo de verduras (p. 31)

3 cucharadas de salsa de soja suave

1 cucharada de pasta de miso

1 cucharada de vinagre de vino de arroz

3 cucharadas de jarabe de arce

70 g de brotes de soja, frescos o en conserva

35 g de hinojo marino fresco

100 g de hojas de pak choi (col china)

4 cebolletas, en rodajas muy finas en diagonal, para servir

1 cucharada de semillas de sésamo blancas y negras, para servir

Precalienta un wok o una sartén grandes a fuego alto. Vierte el aceite de sésamo y espera a que el wok esté muy caliente. Cuando el aceite empiece a humear, echa el jengibre, el ajo y la guindilla. Saltéalos durante 1 min antes de añadir el tofu y las setas.

Sacude y remueve la mezcla mientras se cocina, durante 2 min, y luego saltéala 30 s más.

Baja el fuego y agrega el caldo de verduras, la salsa de soja, el miso, el vinagre y el jarabe de arce. Cuece a fuego lento durante 5 min, incorpora los brotes de soja y el hinojo marino y prolonga la cocción durante 2 min más. Añade las hojas de pak choi, deja que se ablanden y retira el wok del fuego.

Sirve la sopa de inmediato, rematándola con las cebolletas y semillas de sésamo espolvoreadas.

SOPA DE CALABAZA ASADA, SALVIA CRUJIENTE Y SEMILLAS AHUMADAS

Si tuviese que escoger una de todas las sopas de mi libro, sin duda alguna esta sería la elegida. La calabaza es mi verdura favorita y aquí las especias, el coco y la salvia realzan su increíble sabor. En lugar de malgastar las nutritivas semillas, en esta receta se hace un buen uso de ellas.

PARA 4 RACIONES

Para la sopa:

1 calabaza violín grande

4 dientes de ajo, pelados

3 cucharadas de aceite de coco, fundido

1 cucharadita de pimienta cayena

1 cucharadita de orégano seco

1 cucharadita de salvia seca

1 cucharadita de hojas de tomillo fresco

1 cucharadita de pimentón ahumado

1 cucharadita guindilla seca en copos

Una pizca de sal marina y de pimienta

1 cebolla blanca grande, cortada fina

1 lata de 400 ml de leche de coco

480 ml de Caldo de verduras (p. 31)

Para las semillas ahumadas:

Las semillas de la calabaza

2 cucharadas de jarabe de arce

1 cucharada de aceite de coco, fundido

1 cucharadita de pimentón ahumado

Una pizca de sal marina

Para las hojas de salvia crujientes:

2-3 cucharadas de aceite de oliva virgen extra

Un puñado de hojas de salvia fresca

Para servir:

Nata de soja (opcional)

Un puñado de guindilla seca en copos (opcional)

Precalienta el horno a 180 °C.

Empieza cortando la calabaza por la mitad a lo largo y, con ayuda de una cuchara, saca las semillas y resérvalas. Corta cada trozo nuevamente por la mitad a lo largo. Te recomiendo que emplees un cuchillo con buena sierra, ya que la piel de la calabaza es bastante dura.

Pon la calabaza y los dientes de ajo en una bandeja de horno, rocíalos con 2 cucharadas de aceite de coco y echa por encima las hierbas y las especias. No te cortes en usar las manos y asegúrate de que los trozos de calabaza quedan bien cubiertos con las hierbas y especias.

Hornea la calabaza entre 45 min y 1 h, o hasta que esté blanda.

Mientras tanto, coge las semillas de calabaza, lávalas en un colador y quítales las hebras. Deberían quedarte unas semillas limpias y brillantes. Sécalas y ponlas en un cuenco con el jarabe de arce, el aceite de coco, el pimentón ahumado y la sal. Mezcla todo a conciencia para asegurarte de que las semillas quedan bien bañadas.

Forra una bandeja de horno con papel de horno y esparce las semillas de forma regular. Tuéstalas en la parte inferior del horno durante unos 20 min, hasta que estén doradas.

Una vez asada la calabaza, retírala del horno y resérvala.

Precalienta una olla grande a fuego lento con el resto del aceite de coco, la cebolla cortada y el condimento. Rehoga la cebolla durante 2-3 min o hasta que esté blanda.

Mientras tanto, extrae la pulpa de la calabaza con ayuda de una cuchara grande y añádela a la olla junto con los dientes de ajo. Vierte la leche de coco y el caldo de verduras. Tapa y cuece a fuego bajo durante 5 min para que los sabores se mezclen.

Mientras la sopa cuece, precalienta una sartén antiadherente pequeña a fuego medio con aceite de oliva. Cuando esté caliente, introduce en ella las hojas de salvia y fríelas durante 30 s por cada lado. Retíralas de la sartén y ponlas sobre papel de cocina, para que absorba el exceso de aceite. Espolvoréalas con sal para que se mantengan crujientes.

Bate la sopa en la batidora de vaso o con una de mano. A mí me gusta que quede muy muy fina, por lo que uso una batidora muy potente. Sírvela en platos con la salvia crujiente, las semillas ahumadas, un chorrito de nata de soja y unos pocos de copos de guindilla seca, si quieres.

PICOTEO Y TENTEMPIÉS

Crepes de trigo sarraceno con espinacas y albahaca

Nachos crujientes con alubias negras picantes, salsa de «queso» y salsa roja

Croquetas de patata y puerro con salsa

Espaguetis de calabacín con salsa de aguacate y guindilla y «parmesano» de almendra

Kebabs de tofu tikka con ensalada de zanahorias

Bhajis de zanahoria y cebolla con yogur de menta

Guacamole estilo Gaz

Hummus extrarrosa de remolacha

Hummus de calabaza y salvia

Hummus de pimentón y tomillo

Falafel peri-peri con salsa tahini rosa

Tartaletas de remolacha, chalotas y vinagre balsámico

El bocadillo vegano definitivo

Rösti de patata con maíz picante, col rizada y salsa de mango

Rollitos de verano con salsa dulce y picante

Nuggets de seitán estilo Kentucky

CREPES DE TRIGO SARRACENO CON ESPINACAS Y ALBAHACA

Estas crepes se preparan en un santiamén y son muy nutritivas; por eso, resultan perfectas como comida ligera. Puedes rellenarlas con cualquier opción salada que prefieras.

PARA 7-8 CREPES

360 ml de Leche de almendras (p. 12)

2 puñados de hojas de espinacas, lavadas

Un puñado de hojas de albahaca fresca

180 g de harina de trigo sarraceno

Una pizca de sal marina y de pimienta

El zumo de $\frac{1}{2}$ limón

1 cucharada de aceite de coco, para freír

2 cucharadas de Salsa de pimientos y tomates (p. 80)

Sugerencias para el relleno:

«Mozzarella» fundible (p. 18)

Espárragos al vapor

Una cebolla roja, en rodajas

Albahaca fresca, partida en trozos

Mezcla la leche en la batidora con las espinacas y la albahaca hasta que quede una salsa uniforme y de un color verde intenso.

Pon la harina en un cuenco e incorpora, mientras bates con un batidor de varillas, la leche verde para que se vaya convirtiendo en una pasta homogénea y ligera. Salpimienta y añade el zumo de limón; remueve bien.

Mete la masa en la nevera para que se asiente durante 10 min, mientras vas preparando el relleno.

Pon una sartén antiadherente grande (mejor aún si es crepera) a fuego bajo. Antes de que se caliente en exceso, frótala con un poco de aceite de coco.

Cuando la sartén esté caliente, ayúdate de un cucharón para poner en ella la cantidad suficiente de masa para cubrir toda la superficie de la sartén con una fina capa; así se cocinará de manera uniforme. Deja que cada lado se haga durante 1-2 min, o hasta que esté dorado.

Sigue hasta que hayas hecho todas las crepes y sírvelas con el relleno que prefieras y la salsa de pimientos y tomates.

NACHOS CRUJIENTES CON ALUBIAS NEGRAS PICANTES, SALSA DE «QUESO» Y SALSA ROJA

A veces, durante el fin de semana, se me antojan estos nachos. Me he asegurado de que esta receta sea muy nutritiva, para convertirla en algo más que un antojo.

PARA 4 RACIONES

Para los nachos crujientes:

5 tortillas mexicanas de maíz, cortadas en triángulos

2 cucharadas de aceite vegetal

Para la salsa de «queso»:

75 g de anacardos crudos, puestos a remojo en agua hirviendo durante 10 min

180 ml de Leche de almendras (p. 12)

2 cucharadas de zumo de limón recién exprimido

2 cucharadas de levadura nutricional

$\frac{1}{4}$ cucharadita de mostaza en polvo

$\frac{1}{4}$ cucharadita de guindilla seca en copos

Una pizca de ajo en polvo

Para la salsa roja:

1 pimiento rojo (morrón)

Un puñado de tomates cherry

1 cebolla roja pequeña, cortada muy menuda

Un puñado de cilantro fresco, picado muy fino

El zumo de 1 lima

Una pizca de sal y de pimienta

Para las alubias negras picantes:

1 cucharada de aceite de coco

1 lata de 400 g de alubias negras, escurridas y aclaradas

$\frac{1}{4}$ cucharadita de orégano seco

$\frac{1}{4}$ cucharadita de pimienta cayena

$\frac{1}{4}$ cucharadita de cebolla en polvo

$\frac{1}{4}$ cucharadita de pimentón

1 cucharadita de salsa Tabasco

Para añadir por encima:

Aguacate

Chiles jalapeños en escabeche

Cilantro fresco

Precalienta el horno a 180 °C y forra un par de bandejas de horno con papel de horno.

Coloca los triángulos de tortilla en un cuenco, añade el aceite y mezcla bien; asegúrate de que queden bañados por completo. Extiéndelos sobre las bandejas y hornéalos durante 10-12 min, o hasta que estén dorados y crujientes.

Para preparar la salsa de queso, escurre los anacardos y ponlos en la batidora con el resto de ingredientes. Tritura hasta obtener una salsa fina. Cubre con papel film y guárdala en la nevera hasta que sea el momento de servir.

Para la salsa roja, quema la piel del pimiento rojo directamente sobre la llama del fogón, girándolo con ayuda de unas pinzas hasta que esté totalmente ennegrecida. Si no tienes un fogón de gas, puedes asarlo a la parrilla o en el horno (p. 80). Pon rápidamente el pimiento en un cuenco y cúbrelo con papel film.

Mientras tanto, prepara el resto de los ingredientes para la salsa: parte los tomates cherry en cuatro y colócalos en un cuenco con la cebolla roja, el cilantro fresco y el zumo de lima.

Retira el papel film del cuenco donde está el pimiento. Corta el pimiento en cuatro y extrae las semillas y el tallo. Luego, con ayuda del dorso de un cuchillo pequeño, separa la piel chamuscada de la pulpa, que debes partir en cuadraditos y añadir al cuenco de la salsa. Mezcla bien y sazona, y luego reserva hasta que llegue el momento de servir.

A continuación le toca el turno a las alubias negras: calienta el aceite de coco en una cacerola pequeña, incorpora las alubias con todas las hierbas y especias y luego el Tabasco. Remueve a fuego lento hasta que esté muy caliente.

Para servir, llena un plato grande con los nachos asados y crujientes, coloca encima las alubias negras y la salsa roja. Por último, echa un chorro por encima de la salsa de queso y remata con aguacate fresco, jalapeños en escabeche y cilantro fresco.

Nachos crujientes

Croquetas de patata y
puerro con salsa

CROQUETAS DE PATATA Y PUERRO CON SALSA

Estas delicias de patata son algo que me hace salivar cada vez que pienso en ellas. La salsa también combina con muchos otros platos, y se conserva en la nevera durante semanas. Ambas cosas se complementan a la perfección. Puedes asar las croquetas o freírlas en una freidora.

PARA UNAS 15 CROQUETAS

Para la salsa de pimientos y tomate:

3 pimientos rojos (morrones)

7 tomates maduros

4 chalotas, cortadas muy finas

4 cucharadas de azúcar extrafino (granulado) sin refinar

120 ml de vinagre de vino blanco

Una pizca de sal y de pimienta

Para las croquetas:

Un puerro grande

3 cucharadas de aceite de oliva

3 patatas grandes asadas

2 cucharadas de cebollinos, cortados muy finos

1 cucharada de «Mantequilla» (p. 14)

Sal y pimienta al gusto

50 g de pan rallado panko (o pan sin gluten rallado)

5 cucharadas de harina de maíz (almidón de maíz)

60 g de harina normal

1 l de aceite vegetal, para freír

Precalienta el horno a 180 °C y comienza a preparar la salsa. Coloca los pimientos en una bandeja de horno y ásalos durante 30 min, hasta que estén ligeramente quemados. Si no, también puedes sujetar cada pimiento directamente encima de la llama del fogón de gas para chamuscar la piel. En cualquier caso, introduce luego los pimientos en un cuenco y cúbrelos con papel film.

Llena un cuenco pequeño con agua hirviendo y otro con agua helada. Haz una pequeña cruz en la parte inferior de cada tomate y mételos en el agua caliente durante 1 min y luego de inmediato en el agua fría. Quítales la piel y deséchala.

Una vez que los pimientos se hayan enfriado, quítales las semillas y, con ayuda del dorso de un cuchillo, retira la piel quemada y deséchala.

Corta los tomates y los pimientos en trozos de tamaño parecido. Echa el resto de ingredientes en una cacerola de fondo grueso. Cuécelos a fuego lento con la tapa puesta, removiendo de vez en cuando, durante unos 40 min o hasta que haya espesado. Retira del fuego y viértelo en un tarro o recipiente de unos 227 g de capacidad.

Para hacer las croquetas, quita la capa externa del puerro, así como los extremos. Lávalo en agua fría para

eliminar cualquier resto de suciedad y córtalo en rodajas finas. Precalienta una sartén antiadherente. Echa en ella un poco de aceite de oliva y rehoga el puerro hasta que esté blando y algo dorado; luego, retíralo de la sartén.

Quita la piel de las patatas asadas y machácalas. Métalas en un cuenco con el puerro, los cebollinos, la mantequilla, la sal y la pimienta. Mezcla todo a conciencia y comprueba la sazón. Cubre el cuenco y guárdalo en la nevera.

Para cocinar las croquetas, precalienta de nuevo el horno a 180 °C o ajusta la freidora a 180 °C con aceite vegetal. Forra una bandeja de horno con papel de horno.

Coge 3 platos hondos y pon el pan rallado en uno de ellos, la harina de maíz con 5 cucharadas de agua en otro y la harina en el tercero. Saca la masa de patatas de la nevera y con las manos dale forma de croquetas de un tamaño parecido. Mete cada una de ellas en los 3 platos por este orden: harina, mezcla de harina de maíz y pan rallado.

Coloca todas las croquetas rebozadas en la bandeja de horno, riégalas con unas 2 cucharadas de aceite de oliva por encima y hornea durante 20 min o hasta que estén doradas. Si usas una freidora, tardarás unos 4 min. Sírvelas calientes con la salsa.

ESPAGUETIS DE CALABACÍN CON SALSA DE AGUACATE Y GUINDILLA Y «PARMESANO» DE ALMENDRA

Esta receta, fresca e intensa, sacia y alimenta... Y es exquisita. Es mi plato rápido y crudo de referencia. Si quieres que sea 100% crudo, omite la levadura nutricional. Para preparar esta receta necesitarás una cortadora de hortalizas en espirales.

PARA 4 RACIONES

1 calabacín, cortado en espirales

2 zanahorias, picadas o cortadas en espirales

Para la salsa de aguacate y guindilla:

1 aguacate muy maduro

El zumo de 1/2 limón

3 cucharadas de aceite de aguacate

1 diente de ajo pequeño

Un puñado de hojas de albahaca fresca

3 cucharadas de piñones crudos

1/4 cucharadita de cebolla en polvo

1/2 cucharadita de guindilla seca en copos

60 ml de agua filtrada

Para el «parmesano» de almendra:

50 g de almendras peladas

1 cucharada de levadura nutricional

1/2 cucharadita de ajo en polvo

1/4 cucharadita de sal marina

Para servir:

Unos pocos tomates cherry

Un puñado de hojas de albahaca fresca

Para preparar la salsa de aguacate y guindilla, introduce todos los ingredientes en el vaso de la batidora y mezcla hasta obtener una salsa uniforme. Cúbrela con papel film y guárdala en la nevera hasta que llegue el momento de servir.

Para el parmesano de almendra, bate todos los ingredientes juntos en la batidora hasta obtener una pasta homogénea con la consistencia de migas de pan.

A la hora de servir, pon las espirales de calabacín y zanahoria en un cuenco. Añade la salsa y mezcla para que las verduras queden impregnadas. Sírvelos en platos, adorna con los tomates cherry y la albahaca fresca y espolvorea con las migas de queso.

KEBABS DE TOFU TIKKA
CON ENSALADA DE ZANAHORIAS

Esta receta es fantástica para esos amigos que dicen que odian el tofu, pues no puede resultar más tentadora. Si la quieres más explosiva, no te cortes con la guindilla.

PARA 12 KEBABS

Un trozo de 400 g de tofu normal, cortado en dados de 2 cm

1 pimiento rojo (morrón), cortado en dados de 2 cm

1 pimiento amarillo (morrón), cortado en dados de 2 cm

1 cebolla roja grande, cortada en dados de 2 cm

Para el adobo:

250 ml de yogur natural vegetal

2 dientes de ajo, majados

1 cucharada de jengibre fresco, picado muy menudo

2 guindillas verdes, cortadas muy menudas

1 cucharada de comino molino

1 cucharada de cilantro molido

2 cucharadas de zumo de limón recién exprimido

1 cucharada de cúrcuma molida

1 cucharadita sal

Un puñado de cilantro fresco, picado muy fino

Para la ensalada de zanahorias:

2 zanahorias, peladas y ralladas

1 cebolla roja, cortada en rodajas muy finas

Un puñado de cilantro fresco, picado muy fino

1 guindilla verde, cortada en rodajas muy finas

2 cucharadas de semillas de cebolla negra

Una piza de sal marina

El zumo de 1 lima

Mezcla los ingredientes del adobo en un cuenco grande. Añade los dados de tofu, el pimiento y la cebolla roja y remueve para asegurarte de que todo queda bien impregnado. Cubre el cuenco y guárdalo en la nevera para que los ingredientes marinen durante al menos 1 h.

Mientras tanto, mezcla todos los ingredientes de la ensalada y reserva.

Si usas brochetas de madera para los kebabs, báñalas en agua para que no se quemen en el horno.

Antes de montar las brochetas, precalienta el horno a 200 °C y forra una bandeja de horno con papel de horno.

Comienza ensartando un trozo de pimiento en cada brocheta; esto evitará que lo demás se caiga. Continúa alternando los demás trozos.

Una vez terminadas, coloca las brochetas sobre la bandeja de horno y rocíalas con el adobo que sobre. Hornéalas durante 25-30 min. Sírvelas de inmediato con la ensalada.

BHAJIS DE ZANAHORIA Y CEBOLLA CON YOGUR DE MENTA

Estas pequeñas y maravillosas bolas, aromáticas y crujientes, son todo un estallido de sabor. Me gusta servirlas calientes, por lo que combinan a la perfección con el refrescante yogur.

PARA UNOS 12 BHAJIS

Para los bhajis:

2 cebollas rojas grandes, cortadas en rodajas muy finas

2 zanahorias, ralladas

1 cucharadita de sal marina

1 diente de ajo, majado

1 cucharadita de cúrcuma molida

1 guindilla verde, cortada muy menuda

Un puñado de cilantro fresco, picado

3-4 cucharadas de harina de garbanzos

1-2 cucharadas de agua

1 l de aceite vegetal para freír

Para el yogur a la menta:

250 g de yogur de coco

Un trozo de pepino de 10 cm, sin semillas y cortado en dados pequeños

Un puñado de menta fresca, picada muy fina

El zumo de $\frac{1}{2}$ limón

1 diente de ajo, majado

$\frac{1}{2}$ cucharadita de comino molido

$\frac{1}{2}$ cucharadita de guindilla molida suave

Precalienta el horno a 200 °C o calienta aceite vegetal en la freidora a 180 °C si prefieres freír los bhajis.

Pon las cebollas y las zanahorias en un cuenco, espolvorea la sal y mezcla bien. Reserva el cuenco durante 5 min (la sal suaviza el sabor de la cebolla).

Mientras tanto, en otro cuenco, mezcla todos los ingredientes del yogur, cúbrelo con papel film y guárdalo en la nevera hasta que los bhajis estén listos.

Incorpora a las cebollas y las zanahorias el resto de ingredientes para los bhajis (menos el aceite vegetal) y mézclalo todo a fondo. Debe quedar una masa pegajosa; si es demasiado acuosa, agrega más harina de garbanzos.

Si vas a asar los bhajis, forra una bandeja de horno con papel de horno. Con las manos (resulta mucho más fácil), coge una cucharada de la masa y haz una pequeña bola. Repite la operación hasta terminar la masa. Tras darles forma, coloca las bolas en la bandeja de horno y ásalas durante 15-20 min, o hasta que estén doradas y crujientes. Cuando lleven la mitad de tiempo, gíralas.

Si por el contrario vas a freír los bhajis, hazlo en la freidora, por tandas, durante unos 4 min.

Cuando estén listos, sazónalos ligeramente con sal, para que se mantengan crujientes y sírvelos con el yogur a la menta.

Kebabs de tofu tikka con ensalada de zanahorias

Bhajis de zanahoria y cebolla con yogur de menta

GUACAMOLE ESTILO GAZ

Podría vivir a base de guacamole. Le he añadido mi toque particular a la receta clásica, con pimiento chamuscado, guindilla y mango. El sabor ahumado combina a la perfección con la cremosidad del aguacate. No cocines el pimiento, el mango ni la guindilla si prefieres una receta cruda.

PARA 5-6 RACIONES

1 pimiento amarillo

1 cucharada de aceite de oliva extra virgen

$\frac{1}{2}$ mango pelado

1 guindilla roja suave

2 aguacates maduros

1 cebolla roja pequeña, cortada muy fina

6 tomates cherry, cortados muy menudos

Un puñado de cilantro fresco, picado

El zumo de 1 lima

Una pizca de sal marina y de pimienta

Enciende el fogón más pequeño de la cocina y coloca el pimiento directamente sobre la llama para chamuscar la piel por todas partes, con ayuda de unas pinzas resistentes al calor. Cuando esté ennegrecida, introdúcelo en una bolsa de plástico con cierre; también puedes colocarlo en un cuenco y cubrirlo con papel film. Resérvalo durante 5 min, mientras preparas el resto de ingredientes. Si no tienes fogón de gas, asa el pimiento en el horno bien caliente durante 15 min.

Precalienta una parrilla a fuego alto y añade el aceite; asa el mango y la guindilla durante 2-3 min. Intenta que el mango se queme un poco: el azúcar caramelíza y le da un sabor muy bueno.

Retira la pulpa de los aguacates y ponla en un cuenco grande con la cebolla roja, los tomates, el cilantro, el zumo de lima y el aderezo.

Tritura todo junto hasta que quede cremoso; puedes utilizar una batidora de mano. A mí me gusta encontrar algún que otro trozo en el guacamole.

Saca el pimiento de la bolsa o el cuenco. Quítale las semillas y el tallo. Con ayuda del dorso de un cuchillo, separa la piel ennegrecida de la pulpa y deséchala. Corta la pulpa en trozos muy pequeños y añádela a la mezcla del aguacate.

Corta también en trozos pequeños el mango y la guindilla e incorpóralos al cuenco; mezcla todo a conciencia. Comprueba la sazón y sirve. Es mejor consumir de inmediato.

TRES RECETAS DE HUMMUS

Espero que mis recetas de hummus te demuestren lo sencillo que resulta hacer variaciones de la receta clásica y preparar otras aún más ricas. Todas ellas se mantienen en la nevera durante 2 días.

TODAS SON PARA 4 RACIONES

HUMMUS EXTRARROSA DE REMOLACHA

1 lata de 400 g de garbanzos, escurridos y aclarados

3 dientes de ajo

2 remolachas medianas, cocidas hasta que estén suaves

El zumo de 1 limón

2 cucharadas de tahini

3 cucharadas de aceite de oliva extra virgen, y algo más para servir

Una pizca de sal y de pimienta

2-3 cucharadas de agua o agua de los garbanzos

2 cucharadas de mezcla de semillas

Introduce todos los ingredientes, excepto las semillas, en la batidora y tritura hasta obtener una mezcla homogénea. Para servir, espolvorea con las semillas y un chorrito de aceite de oliva.

HUMMUS DE CALABAZA Y SALVIA

1 lata de 400 g de garbanzos, escurridos y aclarados

3 dientes de ajo

200 g de calabaza cocida y cortada en trozos

El zumo de 1 limón

1 cucharada de salvia seca

2 cucharadas de tahini

3 cucharadas de aceite de oliva extra virgen

Una pizca de sal y de pimienta

2-3 cucharadas de agua o agua de los garbanzos

Unas hojas de salvia, fritas en un poco de aceite (opcional)

2 cucharadas de piñones tostados (opcional)

Introduce todos los ingredientes, excepto las hojas de salvia y los piñones, en la batidora y tritura hasta obtener una mezcla homogénea. Para servir, espolvorea por encima las hojas de salvia fritas y los piñones tostados.

HUMMUS DE PIMENTÓN Y TOMILLO

1 lata de 400 g de garbanzos, escurridos y aclarados

3 dientes de ajo

El zumo y la raspadura de 1 limón

1 cucharada de hojas de tomillo fresco, y unas pocas más para servir

2 cucharaditas de pimentón ahumado, y un poco más para decorar

2 cucharadas de tahini

3 cucharadas de aceite de oliva extra virgen

Una pizca de sal y de pimienta

2-3 cucharadas de agua o agua de los garbanzos

Introduce todos los ingredientes en la batidora y tritura hasta obtener una mezcla homogénea. Espolvorea por encima con el pimentón y las hojas de tomillo fresco.

FALAFEL PERI-PERI CON SALSA TAHINI ROSA

Sabrosos, sanos y sustanciosos. Tengo una ligera adicción por los falafel, pero creo que es algo muy común entre los veganos. Aquí le doy mi propio toque a la receta tradicional.

PARA UNOS 15 FALAFEL

Para los falafel:

3 cucharadas de aceite de oliva

1 cebolla, cortada muy fina

3 dientes de ajo, majados

1 cucharada de comino molido

1 cucharadita de pimentón ahumado

$\frac{1}{4}$ cucharadita de jengibre molido

1 cucharadita de pimienta cayena

1 cucharadita de orégano seco

480 g de garbanzos en conserva, escurridos y aclarados

Un puñado de cilantro fresco, cortado

El zumo y la raspadura de $\frac{1}{2}$ limón

3 cucharadas de harina de trigo sarraceno

$\frac{1}{2}$ cucharadita de sal marina y pimienta

Para la salsa:

1 cucharada de tahini

5 cucharadas de agua filtrada fría

1 diente de ajo, majado

El zumo de $\frac{1}{2}$ limón

Una pizca de sal y de pimienta

$\frac{1}{4}$ cucharadita de pimentón ahumado

Para servir:

Ensalada (cualquiera del capítulo Ensaladas)

Pan plano tostado (p. 78)

Precalienta el horno a 180 °C y forra una bandeja de horno con papel de horno.

Para comenzar, calienta una sartén antiadherente a fuego medio con 1 cucharada de aceite de oliva y saltea la cebolla cortada, el ajo y las especias durante 2-3 min, removiendo con frecuencia. Suelo freír las cebollas y el ajo primero con las especias y el orégano para que se activen todos los sabores.

Cuando las cebollas estén blandas y huela delicioso, introduce el refrito en la batidora con el resto de ingredientes de los falafel. Pon la tapa y tritura hasta obtener una mezcla compacta. Tal vez tengas que limpiar las paredes del vaso con una espátula un par de veces antes de llegar a este punto.

Si la mezcla no se ha ligado, agrega un poco más de aceite y harina y vuelve a batir.

La mejor manera de hacer las bolas de falafel verde es con una cuchara parisina o sacabolas; si no tienes una, usa las manos para hacer bolas del mismo tamaño.

Coloca los falafel en la bandeja y métels en el horno durante 15 min.

Mientras tanto, prepara la salsa; para ello tan solo tienes que echar todos los ingredientes en un cuenco y mezclar bien con un batidor de varillas hasta que quede bien cremosa.

Sirve los falafel con la salsa, la ensalada y el pan plano.

TARTALETAS DE REMOLACHA, CHALOTAS Y VINAGRE BALSÁMICO

La remolacha y el vinagre balsámico están hechos el uno para el otro, y si a ellos les unes el hojaldre, miel sobre hojuelas. Puedes añadir un poco de mi «Queso cremoso» de la p. 15: se te hará la boca agua, te lo aseguro.

PARA 4 RACIONES GENEROSAS

5 remolachas peladas y cortadas en rodajas de 1 cm

6 chalotas, peladas y cortadas por la mitad a lo largo

4 ramitas de tomillo fresco

3 cucharadas de vinagre balsámico

2 cucharadas de aceite de oliva virgen extra

Una pizca de sal marina y de pimienta

400 g de Hojaldre (p. 30); también puedes comprarlo en una tienda vegana

40 g de nueces

3 cucharadas de «Queso cremoso» (p. 15)

Rúcula fresca, para servir

Para glasear:

2 cucharaditas de néctar de agave

2 cucharadas de aceite de oliva extra virgen

2 cucharadas de Leche de almendras (p. 12)

Precalienta el horno a 180 °C y forra 2 bandejas de horno con papel de horno.

Coloca las rodajas de remolacha, las chalotas y el tomillo en una de las bandejas. Rocíalas con el vinagre y el aceite de oliva, y sazona. Mezcla todo para que quede bien adobado y asa en el horno durante 30-35 min o hasta que las verduras estén tiernas.

Mientras tanto, prepara el hojaldre. Tú decides el tamaño de la tartaleta, pero a mí me gusta hacer 2 grandes. Extiende la masa en un gran rectángulo de unos 3 mm de grosor y haz dos rectángulos de unos 15 x 20 cm. Pon el hojaldre en la bandeja de horno y, con ayuda de un cuchillo afilado, marca lo que será el borde del hojaldre a 2 cm de los extremos. Pincha la parte central con un tenedor y deja el borde intacto.

Cuando la remolacha esté a medio hacer, introduce el hojaldre en el horno, justo debajo de las verduras, durante 8-10 min. El borde que has marcado debería hincharse.

Transcurrido este tiempo, utiliza una espátula para colocar la remolacha y las chalotas en el centro del hojaldre, y espolvorea con nueces y queso.

Mezcla los ingredientes del glaseado en un cuenco pequeño y pincela con ello el borde de las tartaletas.

Vuelve a meter las tartaletas en el horno durante 10 min más, hasta que estén doradas. Sirve con un poco de rúcula por encima.

EL BOCADILLO VEGANO DEFINITIVO

En estos bocadillos encontrarás, literalmente, un poco de todo. No podrás dejar de salivar. He añadido un rápido aderezo de inspiración asiática al tofu; queda muy bien con las verduras frescas, la cebolla y los rábanos en vinagre. Puedes preparar los bocadillos con antelación y llevártelos al trabajo; si no los vas a comer de inmediato, asegúrate tan solo de que el tofu asado a la plancha esté frío antes de meterlo en el pan.

PARA 2 RACIONES

200 g de tofu normal, escurrido y cortado en rodajas muy finas

2 baguettes o panecillos

1 zanahoria, cortada en láminas

Un trozo de 10 cm de pepino, cortado en láminas

2 cebolletas, cortadas en rodajas muy finas

Un puñado de cilantro fresco

Para el aderezo:

2 cucharadas de salsa de soja

2 cucharadas de aceite de sésamo

El zumo de $1/2$ lima

1 cucharadita de guindilla seca en copos

2 cucharaditas de jarabe de arce o néctar de agave

$1/2$ cucharadita de jengibre, cortado muy fino

Una pizca de ajo en polvo

Para la cebolla y los rábanos en vinagre:

$1/2$ cebolla roja, cortada en aros

8 rábanos, cortados en rodajas muy finas

3 cucharadas de vinagre de arroz

1 cucharadita de azúcar de coco

Una pizca de sal marina

Comienza mezclando todos los ingredientes del aderezo en un cuenco pequeño; reserva 1 cucharada de aceite para freír. Incorpora las rodajas de tofu y guárdalo durante 5 min.

Mezcla todos los ingredientes para la cebolla y los rábanos en vinagre con 2 cucharadas de agua en otro cuenco; remueve bien y reserva para que vaya cogiendo el sabor.

Precalienta la parrilla a fuego alto y pon en ella el aceite que reservaste previamente. Asa las rodajas de tofu hasta que estén ligeramente tostadas por ambos lados. Mientras las cocinas, píntalas con un poco de aderezo.

Rellena las baguettes o los panecillos con el tofu, las tiras de zanahoria y pepino, las cebolletas y el cilantro. Coloca por encima la cebolla y los rábanos en vinagre, ¡y disfruta!

RÖSTI DE PATATA CON MAÍZ PICANTE, COL RIZADA Y SALSA DE MANGO

Este plato de patatas es realmente exquisito; además, si las fríes en aceite de coco les darás una textura crujiente y sabrosa. ¡Y está listo en tan solo 30 min!

PARA UNAS 6 RACIONES

2 patatas grandes, peladas

165 g de granos de maíz dulce, cocido

130 g de col rizada, cocida al vapor y cortada en tiras finas

3 cebolletas, cortadas muy finas

1 guindilla mediana, sin semillas y cortada muy fina

Un puñado de cilantro, picado muy fino

4 cucharadas de harina normal para todo uso o de harina de trigo sarraceno

2 cucharadas de Sucedáneo de huevo (p. 32)

2 cucharadas de aceite de oliva virgen extra

1 cucharadita de pimentón

1 cucharadita de pimienta cayena

1 cucharada de zumo de lima

Una pizca de sal marina y de pimienta

1 cucharada de aceite de coco, para freír

Para la salsa de mango:

1 mango maduro, cortado en dados pequeños

1 guindilla roja, sin semillas y cortada muy fina

1 cebolla roja, cortada muy menuda

2 tomates, sin semillas y cortados muy finos

Un puñado de cilantro fresco, picado muy fino

El zumo de 1 lima

Una pizca de sal marina

Precalienta el horno a 180 °C, forra una bandeja de horno con papel de horno y espolvorea un poco de harina.

Primero, prepara la salsa: basta con mezclar todo en un cuenco, cubrir con papel film y refrigerar hasta que llegue el momento de servir.

Ahora le toca el turno al rösti. Ralla las patatas en un cuenco grande. Pon las patatas ralladas en el centro de un trapo de cocina limpio, une los extremos y retuerce el trapo para extraer todo el líquido que puedas.

Coloca las patatas ya escurridas en el cuenco e incorpora el resto de ingredientes del rösti. Remueve bien hasta que esté todo integrado. Deberías obtener una masa bastante pegajosa. Si no, agrega un poco de harina y aceite de oliva, o de sucedáneo de huevo.

Con las manos, haz discos con unas 2 cucharadas de la mezcla y colócalos en la bandeja de horno forrada con papel de horno y enharinada. Una vez colocados tal vez puedas perfeccionar la forma.

Precalienta una sartén grande antiadherente a fuego bajo y añade un poco de aceite de coco.

Pon en la sartén unos pocos de discos cada vez, y fríelos hasta que estén dorados por ambos lados. Esto te debería llevar unos 3-4 min. Vuelve a colocarlos en la bandeja y repite hasta que los hayas frito todos. Luego, mete la bandeja en el horno y ásalos durante 15 min.

Cuando estén listos y dorados, sácalos del horno y sírvelos de inmediato acompañados con la salsa de mango.

ROLLITOS DE VERANO CON SALSA DULCE Y PICANTE

Estos rollitos no son solo ricos y nutritivos, sino también bonitos a la vista. Cuando los preparo, sé que el verano ya está aquí. Puedes rellenarlos con lo que quieras, pero no dejes de probar mi salsa dulce y picante: ¡queda perfecta!

PARA 10 ROLLITOS

Para los rollitos de verano:

10 wraps de papel de arroz

$\frac{1}{2}$ bulbo de hinojo, picado muy fino

1 calabacín, cortado en bastoncitos

1 zanahoria, pelada y cortada en bastoncitos

1 remolacha, pelada y cortada en rodajas finas

Un trozo de 10 cm de pepino, sin semillas y cortado en bastoncitos

Un puñado de hojas de menta

1 kiwi, pelado y cortado en rodajas finas

12 hojas de cogollos de lechuga, picadas

Un puñado de albahaca tailandesa

Un puñado de cacahuetes crudos

Para la salsa dulce y picante:

4 cucharadas de vinagre de sidra de manzana

3 cucharaditas de zumo de lima

2 cucharadas de azúcar de coco o jarabe de arce

4 cucharaditas de pasta de tomates secos

1 cucharadita de guindilla seca en copos

1 cucharadita de semillas de sésamo

Una pizca de sal marina

Comienza preparando la salsa: echa todo en un cuenco con 3 cucharadas de agua y mezcla con el batidor de varillas. Cubre el cuenco con papel film y guárdalo en la nevera hasta el momento de servir.

A continuación, haz los sabrosos rollitos de papel de arroz. Llena un cuenco pequeño con agua caliente y ve metiendo los wraps de papel de arroz uno a uno en el agua, hasta que los puedas doblar.

Luego, rellénalos con las verduras ya preparadas, las hierbas, el kiwi y los cacahuetes. Llénalos todo lo que puedas. Antes de enrollarlos, a mí me gusta poner un poco de la salsa dulce y picante en el centro.

Una vez enrollados, sírvelos junto con la salsa. ¡Exquisitos!

Rollitos de verano con salsa dulce y picante

Nuggets de seitán estilo Kentucky

NUGGETS DE SEITÁN ESTILO KENTUCKY

Estos nuggets de seitán resultan tan tiernos que son una delicia. Yo los rebozo en una increíble masa especiada que no tiene parangón. Si los fríes, quedan muy crujientes, pero también puedes hacerlos al horno. Si tienes poco tiempo también puedes usar el mismo rebozo con cogollos de coliflor.

PARA 4 RACIONES

Para los nuggets, ingredientes húmedos:

170 g de tofu normal

120 ml de leche de soja

1 cucharadita de pasta de miso

1 cucharadita de estragón seco

1 cucharadita de salvia seca

½ cucharadita de cebolla en polvo

¼ cucharadita de ajo en polvo

1 cucharadita de sal marina

Para los nuggets, ingredientes secos:

115 g de seitán (gluten de trigo)

25 g de harina de garbanzos

Para el caldo:

1 l de Caldo de verduras (p. 31)

1 ramita de romero fresco

2 ramitas de tomillo fresco

1 cebolla, partida en cuatro

Una pizca de sal marina y de pimienta

Para el adobo estilo Kentucky:

120 g de harina normal para todo uso

60 g de pan rallado panko

2 cucharadas de azúcar extrafino (superfino) sin refinar

1 cucharadita de sal marina

2 cucharaditas de pimienta negra recién molida

1 cucharada de pimienta cayena

1 cucharada de guindilla seca en copos

1 cucharada de orégano seco

1 cucharada de pimentón

1 cucharada de salvia seca

1 cucharadita de pimienta dioica o de Jamaica

Para la masa para rebozar:

100 g de harina de garbanzos

240 ml de agua

1 l de aceite vegetal, para freír

Prepara primero los nuggets. Introduce todos los ingredientes húmedos en la batidora y bate bien hasta obtener una mezcla homogénea.

Introduce los ingredientes secos en un cuenco grande y remueve a fondo.

Incorpora la mezcla húmeda al cuenco y remueve hasta que se forme una masa. Sácala y colócala en una superficie de trabajo limpia, espolvoreada ligeramente con harina de garbanzos.

Amasa durante al menos 8 min. Esta es la parte más importante de la receta. Si no lo trabajas bien, obtendrás un seitán esponjoso y horrible. Yo he llegado incluso a golpear la masa con los puños.

Una vez trabajada a fondo, la masa debería ser firme y elástica. Forma un rectángulo de aproximadamente 1 cm de grosor y córtalo en 4 trozos. Déjalo reposar durante 10 min mientras preparas el caldo.

Pon todos los ingredientes del caldo en una cacerola grande con tapa y llévalo a ebullición; luego, bájalo para que cueza a fuego lento.

Introduce los trozos de seitán en el caldo y tapa la cacerola. Déjalo cocer lentamente durante 35 min en el caldo, sin que llegue a hervir. Transcurrida la mitad del tiempo, dales la vuelta a los trozos de seitán.

A los 35 min retira el seitán del caldo y déjalo enfriar. Deberían haber doblado de tamaño y tener una consistencia muy parecida a la de la carne. Cuando estén fríos, córtalos en trozos más pequeños y rebózalos en el adobo estilo Kentucky. A mí me gusta desgarrar los trozos: así el borde queda más desigual y el adobo se adhiere mejor.

Para el adobo estilo Kentucky, tan solo tienes que mezclar todos los ingredientes en un cuenco.

Para la masa, mezcla la harina de garbanzos y el agua en otro cuenco.

Llegó el momento de rebozar: introduce los trozos de seitán uno a uno, primero en la masa de garbanzos y luego en el adobo estilo Kentucky. Yo lo hago dos veces, para que el rebozado sea espeso. Cuando hayas bañado todos los trozos, guárdalos en un plato en la nevera mientras se calienta el aceite.

Si vas a usar una freidora, ajústala a 180 °C; si no, pon el aceite en una sartén grande pero llénala solo hasta la mitad.

Para comprobar si el aceite está lo suficientemente caliente, echa un trozo de pan en él: si sale a la superficie de inmediato, entonces el aceite está listo. Fríe los nuggets con cuidado durante 3-4 min o hasta que estén dorados y crujientes.

Si prefieres hacerlos en el horno, ásalos durante 25 min a 180 °C.

Cuando estén listos, colócalos en un plato con papel de cocina para que absorba todo el aceite sobrante. Sírvelos de inmediato.

HAMBURGUESAS, PERRITOS CALIENTES Y WRAPS

Hamburguesa katsu de tofu

Wraps ahumados de pan plano con calabaza asada y garbanzos

Wraps estilo Kentucky con fruta jaca, shiitake y lechuga

Perritos calientes estilo chorizo

Hamburguesa vegana cuarto de libra

Lonchas de «queso» de chile chipotle para hamburguesas

Aros de cebolla rápidos

La mexicana

HAMBURGUESA KATSU DE TOFU

En esta receta está todo lo que me gusta dentro de una hamburguesa; además, ¡el tofu crujiente queda de muerte! No tienes que freír el tofu en mucho aceite; es más, incluso lo puedes hornear. Puedes hacer una variante sin gluten si cambias el pan rallado, la harina y el bollo por alternativas sin gluten.

PARA 4 HAMBURGUESAS

Para el tofu:

4 cucharadas de harina de maíz (almidón de maíz)

50 g de pan rallado panko

4 cucharadas de harina normal para todo uso

400 g de tofu normal, escurrido y cortado en 4 «filetes»

1 l de aceite vegetal, si lo vas a freír

Para la mayonesa de curry:

6 cucharadas de «Mayonesa» cremosa (p. 24)

1 cucharadita de curry en polvo

$1/4$ cucharadita de guindilla seca en polvo

$1/4$ cucharadita de semillas de cebolla negra

2 cucharaditas de zumo de limón

Una pizca de sal marina

Para servir:

4 panes de hamburguesa, tostados

8 hojas de cogollo de lechuga

Cebolla y rábanos en vinagre (p. 92)

3 cebolletas, cortadas

Cilantro fresco

Calienta la freidora a 170 °C o, si las vas a asar, precalienta el horno a 180 °C.

Primero, prepara el tofu. Mezcla la harina de maíz en un cuenco con suficiente agua para conseguir una pasta densa y pegajosa. Pon el pan rallado en un plato llano y la harina en otro.

Pasa uno a uno cada filete de tofu por la harina, luego por la masa de pasta de maíz (asegurándote de que quede bien impregnado) y por último rebózalo en el pan rallado. Resérvalos.

Mezcla todos los ingredientes para la mayonesa y prepara las guarniciones para la hamburguesa.

Para preparar las hamburguesas, fríelas en abundante aceite con mucho cuidado hasta que estén doradas, ponlas a secar sobre papel de cocina y sazona.

Si no, también puedes asarlas durante 15 min en una bandeja de horno forrada de papel de horno.

Cuando el tofu esté listo ya puedes montar la hamburguesa; asegúrate de echar suficiente mayonesa con curry y añadir la guarnición.

WRAPS AHUMADOS DE PAN PLANO CON CALABAZA ASADA Y GARBANZOS

Estos increíbles sabores, ahumados y deliciosos, combinan a la perfección con los panes planos a la parrilla, especialmente si los sirves cuando aún están ligeramente calientes.

PARA 5 WRAPS

1 calabaza violín

1 cucharadita de aceite de coco

3-4 cucharadas de aceite de oliva

1 cebolla roja, cortada en rodajas muy finas

250 g de garbanzos en conserva, escurridos y aclarados

1 cucharadita de pimentón ahumado

$1/4$ cucharadita de pimienta cayena

$1/4$ cucharadita de comino molido

2 ramitas de tomillo fresco

10 hojas de salvia fresca

El zumo de $1/2$ limón

Una pizca de sal y de pimienta

Para servir:

Hummus (p. 87)

5 Panes planos (p. 178) o los wraps que prefieras, calientes

100 g de col lombarda, cortada en tiras finas

Mezcla de semillas, para espolvorear

Prepara primero la calabaza, que es lo que más tarda en cocinarse. Córtala por la mitad en el punto en el que el cuello se une a la base más redondeada. Guarda la base en la nevera para otra ocasión. Pela el cuello con un pelador o un cuchillo con buena sierra y luego corta la pulpa en tiras de tamaño similar (aproximadamente de 2 x 10 cm), para que encajen bien en el wrap.

Introduce las tiras de calabaza en una olla con agua fría y cuécelas a fuego medio durante aproximadamente 10 min, o hasta que estén hechas. Ten cuidado de que no se pasen, pues luego las vas a hacer un poco más a la parrilla. Escurre el exceso de agua.

Precalienta una parrilla y una sartén antiadherente. Añade un poco de aceite de coco en la primera y de aceite de oliva en la segunda. Cuando la parrilla esté caliente, pon en ella la calabaza y ásala ligeramente por todos los lados. Espolvorea con un poco de sal y pimienta mientras se va haciendo.

Pon la cebolla en la sartén. Cuando esté blanda, incorpora los garbanzos y las especias, y remueve con frecuencia. Transcurridos 2 min, agrega las hojas frescas de tomillo y salvia; intenta que esta última quede bien crujiente. Prolonga la cocción durante 1 min más y luego añade el zumo de limón, que le aportará frescor. Sazona con un poco de sal y pimienta y retira del fuego.

Para servir, unta una cantidad generosa de hummus en el wrap aún caliente, añade la calabaza asada y después la mezcla de garbanzos. Asegúrate de que en cada wrap hay unas cuantas hojas de salvia crujientes. Agrega un pequeño puñado de col lombarda, que le dará color y un sabor picante y fresco; para terminar, espolvorea las semillas por encima.

WRAPS ESTILO KENTUCKY CON FRUTA JACA, SHIITAKE Y LECHUGA

La fruta jaca es todo un descubrimiento, pues es muy nutritiva y tiene una textura sorprendentemente carnosa; ¡a menudo se la compara con la carne de cerdo! Al verla rebozada en esta salsa estilo barbacoa, acompañada por setas shiitake y envuelta en estos wrap de lechuga seguro que se te hace la boca agua.

PARA 5 WRAPS

2 latas de 400 g de fruta jaca en agua o salmuera

1 cucharadita de semillas de hinojo, tostadas y molidas

1 cucharadita de salvia seca

1 cucharadita de pimentón ahumado

1 cucharadita de pimienta cayena

1 cucharadita de comino molido

1 cucharadita de azúcar

1 cucharada de aceite de coco

1 cebolla roja, cortada muy fina

120 g de setas shiitake, sin los tallos duros y cortadas en rodajas finas

240 g de Salsa barbacoa (p. 24)

Para servir:

4 cogollos de lechuga

Ensalada arcoíris (p. 162)

Anacardos tostados

Comienza escurriendo la fruta jaca y secándola con papel de cocina. Verás que la fruta está cortada en triángulos: retira la parte central, más dura, rómpela con las manos en trozos y colócalos en un cuenco. Si te encuentras semillas, deséchalas.

Cuando tengas las partes más blandas y fibrosas en el cuenco, añade las hierbas, las especias y el azúcar. Mezcla todo a conciencia para que los trozos de fruta queden bien rebozados.

Calienta una sartén grande antiadherente a fuego medio. Rocíala con el aceite de coco y pon en ella las cebollas y las setas. Cocínalo todo durante 3 min, removiendo

constantemente. Intenta que las cebollas y las setas se doren y caramelicen bien, ya que esto dará un sabor fantástico.

Cuando estén doradas, incorpora la fruta jaca rebozada y saltea durante 2-3 min, para que coja un buen color y el azúcar se caramelice.

Añade la salsa barbacoa, remueve y baja el fuego. Cuece durante 8-10 min a fuego bajo, removiendo con frecuencia.

Para servir, coloca la fruta jaca salteada en salsa barbacoa dentro de hojas de lechuga, y remata con la ensalada arcoíris y los anacardos tostados.

PERRITOS CALIENTES ESTILO CHORIZO

Este es otro manjar que se prepara con seitán y está repleto de los clásicos sabores del chorizo, como pimentón ahumado y semillas de hinojo. A mí me gusta rematar las salchichas con un toque dulce y picante (aunque también quedan bien con un plato de arroz y ensalada).

PARA 8 SALCHICHAS

Para las salchichas, ingredientes húmedos:

290 ml de Caldo de verduras caliente (p. 31)

3 cucharadas de boletos secos

Un poco de aceite de coco, para saltear

1 cebolla roja mediana, pelada y cortada en trozos grandes

2 dientes de ajo, majados

1 cucharada de aceite de oliva virgen extra

100 g de garbanzos en conserva, escurridos y aclarados

4 cucharadas de puré de tomate

2 ½ cucharadas de pimentón ahumado

1 cucharada de pimienta cayena

1 cucharada de semillas de hinojo

1 cucharadita de sal y pimienta

1 cucharada de pasta de miso

Para las salchichas, ingredientes secos:

270 g de seitán (gluten de trigo)

50 g de harina de garbanzos

2 cucharadas de levadura nutricional

Para la salsa picante:

1 cebolla roja, cortada muy fina

2 dientes de ajo

1 chile jalapeño fresco

1 calabaza violín pequeña, pelada y cortada en daditos

1 pimiento rojo (morrón), en dados

Aceite de coco, para saltear

1 cucharadita de comino molido

1 cucharadita de canela molida

2 cucharaditas de pimienta cayena

Una pizca de sal y de pimienta

2 latas de 400 g de tomates troceados

200 g de garbanzos en conserva, escurridos y aclarados

200 g de alubias de riñón rojas en conserva, escurridas y aclaradas

100 g de maíz dulce, cocido

Un puñado de cilantro picado

Para servir:

Bollos de perrito caliente

Rodajas de aguacate

«Crème fraîche» (p. 17)

Cilantro fresco

(Continúa en la p. 110)

Comienza preparando los chorizos de seitán. En un cuenco vierte el caldo de verduras caliente sobre los boletos y déjalos reposar durante 5 min, para que se rehidraten.

Calienta una cacerola antiadherente y añade un chorro de aceite de coco. Cuando la cacerola esté caliente, echa en ella las cebollas y el ajo. Baja el fuego y deja que se ablanden y se caramelicen durante unos 2 min, removiendo con frecuencia.

Retira la cacerola del fuego y echa las cebollas y el ajo en el vaso de la batidora junto con el resto de ingredientes húmedos, además de las setas y el caldo. Deja que la mezcla repose durante 5 min para que se enfríe antes de batirla. Mientras, puedes poner todos los ingredientes secos en un cuenco grande.

Bate los ingredientes húmedos hasta obtener una pasta homogénea y añádela a los ingredientes secos. Remueve rápidamente con una espátula, hasta que esté todo integrado.

Ahora necesitarás usar las manos para amasar. Trabaja la masa durante unos 10 min, ya sea en el cuenco o en una superficie de trabajo limpia. La masa será bastante húmeda, por lo que es mejor espolvorear la superficie (o el cuenco) con harina de garbanzos. Cuanto más amases, mejor textura, semejante a la carne, tendrán los chorizos una vez hechos, así que ¡duro con ellos! Una vez amasada, divide la masa en unas

8 porciones. Yo las peso, para asegurarme de que todas son de un tamaño parecido. Deberían pesar unos 110 g cada una.

Calienta una olla grande con tapa, llénala hasta la mitad con agua; cuando hierva, baja el fuego para que cueza a fuego lento.

Prepara 8 trozos de papel de aluminio de unos 25 cm de largo, y coloca la parte brillante hacia arriba. Si no te gusta usar papel de aluminio, utiliza papel de horno. Esparce un poco del aceite de oliva en la parte brillante del papel de aluminio.

Con las manos, coge un trozo de masa y dale forma de salchicha. Luego enróllalo en el papel de aluminio. Retuerce cada extremo y reserva. Haz lo mismo con el resto de la masa y después aprieta cada salchicha con papel film.

Introduce las salchichas en la olla, tápalas y cuécelas a fuego lento durante 50 min. No dejes que el agua hierva, sino que se mantenga cociendo a fuego bajo de forma constante. Remueve de vez en cuando.

Transcurridos 50 min, las salchichas deberían ser firmes al tacto. Con ayuda de una espumadera, saca una para comprobarlo. ¡Ten cuidado, pues estarán muy calientes! Si aún sigue blanda, vuelve a meterla en el agua y déjalas cocer durante otros 10 min. Cuando las salchichas estén cocinadas, sácalas del agua y ponlas en una rejilla para que enfríen. Una

vez que estén lo suficientemente frías para poder manipularlas, retira el envoltorio y déjalas enfriar por completo antes de meterlas en la nevera (o en el congelador) hasta que las vayas a usar.

Para preparar la salsa, saltea la cebolla, el ajo, el chile jalapeño, la calabaza y el pimiento con un poco de aceite de coco en una cacerola grande durante 2-3 min, sin dejar de remover. Añade todas las especias y saltea durante 2 min más.

Incorpora parte del condimento y a continuación los tomates troceados. Mézclalo bien, tápalo y baja el fuego al mínimo. Deja que cueza durante 10 min.

Después, añade los garbanzos, las alubias, el maíz dulce y el cilantro, y remueve. Rectifica de hierbas o especias; si te gusta la salsa picante, agrega otra cucharadita de pimienta cayena.

Cuece durante 6-8 min más o hasta que se haga la calabaza.

Cuando quieras comerlas solo tienes que freír, asar o hacer a la parrilla las salchichas durante unos 12 min, hasta que estén doradas.

Sírvelas en los bollos de perritos calientes y remata con una cucharada de la salsa picante, un poco de aguacate, crème fraîche y cilantro fresco.

HAMBURGUESA VEGANA CUARTO DE LIBRA

Esta es la hamburguesa vegana más «carnosa» que existe, casi tanto como una de carne, aunque está hecha con gluten de trigo, o seitán, y está repleta de proteínas y sabor. Se puede hacer a la plancha, a la barbacoa o frita. En realidad, si preparas las hamburguesas la vigilia te quedarán mejor, pues estarán más firmes; también las puedes congelar.

PARA 6 HAMBURGUESAS

Para la hamburguesa, ingredientes húmedos:

300 ml de Caldo de verduras caliente (p. 31)

3 cucharadas de boletos secos

Un poco de aceite de coco, para freír

1 cebolla roja, cortada muy fina

2 dientes de ajo, cortados muy finos

50 g de alubias negras en conserva

3 cucharadas de puré de tomate

1 cucharada de salsa de soja

1 cucharada de vinagre balsámico

1 cucharada de pasta de miso de arroz integral

1 cucharada de pasta Marmite

1 cucharadita de pimentón ahumado

1 cucharadita de cebollinos secos

1 cucharadita de orégano seco

$\frac{1}{2}$ cucharadita de romero seco

2 cucharaditas de guindilla seca en polvo

1 cucharadita de sal marina

1 cucharada de pimienta negra recién molida

Para la hamburguesa, ingredientes secos:

270 g de seitán (gluten de trigo)

50 g de harina de garbanzos

1 cucharada de levadura nutricional

Para el caldo:

1 l de Caldo de verduras (p. 31)

1 cucharada de pasta de miso

1 cebolla, pelada y partida en cuatro

3 dientes de ajo

2 ramitas de romero

3 cucharadas de boletos secos

Para servir:

Pan de hamburguesa, tostado

Lonchas de «queso» de chile chipotle para hamburguesas (p. 115)

Aros de cebolla rápidos (p. 115)

Hojas de cogollos de lechuga

Rodajas de tomate

«Mayonesa» cremosa (p. 24)

Kétchup rosa de remolacha (p. 25)

(Continúa en la p. 114)

Hamburguesa vegana cuarto de libra

HAMBURGUESA VEGANA CUARTO DE LIBRA (CONT.)

Comienza mezclando el caldo de verduras caliente con los boletos y déjalos reposar durante 5 min para que se rehidraten.

Calienta una cacerola antiadherente y añade un chorro de aceite de coco. Cuando la cacerola esté caliente, saltea las cebollas y el ajo. Baja el fuego y deja que se ablanden y se caramelicen ligeramente durante unos 2 min, removiendo con frecuencia.

Retira la cacerola del fuego y echa las cebollas y el ajo en el vaso de la batidora, junto con el resto de ingredientes húmedos, además de los boletos y el caldo. Deja que la mezcla repose durante 5 min para que se enfríe antes de batirla. Mientras, puedes poner todos los ingredientes secos en un cuenco grande.

Bate los ingredientes húmedos hasta obtener una mezcla homogénea y añádela al cuenco con los ingredientes secos. Remueve rápidamente con una espátula, hasta que esté todo integrado.

Ahora necesitarás usar las manos para amasar. Trabaja la masa durante unos 10 min, ya sea en el cuenco o en una superficie de trabajo limpia. La masa será bastante húmeda, por lo que es mejor espolvorear la superficie o el cuenco con harina de garbanzos. Es importante que amases a conciencia: cuanto más amases, mejor textura, semejante a la carne, tendrán las hamburguesas una vez hechas, así que ¡dale sin piedad! Después, vuelve a introducir la masa en el cuenco, cúbrelo con un paño de cocina limpio y déjala que repose y se endurezca durante 15 min.

Mientras la masa reposa, prepara los ingredientes del caldo e introdúcelos en una olla grande con tapa (deberán caber en ella todas las hamburguesas) y deja que hierva.

Mientras se va calentando el caldo, es el momento de ir dándole forma a las hamburguesas. Lo más sencillo es estirar la masa con un rodillo hasta que tenga unos 2 cm de grosor (las hamburguesas crecerán al cocinarlas). Tal vez te resulte difícil estirar la masa, así que tendrás que esforzarte. A continuación, utiliza un molde redondo para galletas de 11 cm de diámetro y corta la masa en hamburguesas.

En este punto, el caldo ya debería estar hirviendo, así que baja el fuego. Con cuidado, introduce las hamburguesas en el caldo con una pala para pescado y cubre la olla. Deja que cueza a fuego lento durante 55 min, removiendo un par de veces mientras se hacen las hamburguesas.

Transcurridos los 55 min, apaga el fuego y deja que el caldo se enfríe durante 10 min antes de retirar las hamburguesas, que ya deberían de estar firmes. Ahora puedes esperar a que se enfríen y guardarlas en la nevera hasta el día siguiente, congelarlas o cocinarlas de inmediato.

Yo prefiero hacerlas a la barbacoa a fuego alto durante 15 min, dándoles la vuelta transcurrida la mitad del tiempo. Me encantan las líneas tostadas y el sabor de la barbacoa.

Sírvelas con el pan, una rodaja de queso, aros de cebolla, lechuga, tomate, mayonesa o el kétchup de remolacha, a tu gusto.

LONCHAS DE «QUESO» DE CHILE CHIPOTLE PARA HAMBURGUESAS

Estas lonchas de «queso» ahumadas son el acompañamiento perfecto para las hamburguesas cuarto de libra.

240 ml de leche de soja

2 cucharaditas de pasta de chile chipotle

3 cucharadas de levadura nutricional

3 cucharadas de harina normal

3 cucharaditas de polvo de agar-agar

1 cucharadita de pasta de miso

$\frac{1}{4}$ cucharadita de mostaza en polvo

$\frac{1}{4}$ cucharadita de cebolla en polvo

1 cucharadita de humo líquido (opcional)

$\frac{1}{2}$ cucharadita de sal marina

Forra una bandeja de horno con papel film.

Pon todos los ingredientes en la batidora y bate hasta obtener una masa homogénea.

Echa la mezcla en una cacerola antiadherente a fuego bajo y mezcla con un batidor de varillas hasta que espese. Después de 1 min, remueve con la espátula hasta que esté muy densa. Deberías tardar unos 2-3 min en total.

Retira del fuego y vierte la mezcla rápidamente en la bandeja. Utiliza una espátula plana para extenderla de forma uniforme con un grosor de unos 2 mm; luego introduce la bandeja en la nevera y deja reposar unas 2 h.

Para servir, corta el queso en cuadrados y pon las lonchas sobre las hamburguesas. A mí me gusta hacerlo mientras la hamburguesa todavía se está haciendo, ya sea en la sartén o en el horno, así el queso se funde y queda de maravilla.

AROS DE CEBOLLA RÁPIDOS

Te presento una receta rápida y sencilla para preparar crujientes aros de cebolla.

120 g de harina normal para todo uso

2 cucharadas de vinagre de vino blanco

180 ml de agua mineral con gas

Una pizca de sal marina y de pimienta

1 cebolla roja grande, pelada y cortada en aros

750 ml de aceite vegetal, para freír

Con ayuda de un batidor de varillas, mezcla la harina, el vinagre, el agua, la sal y la pimienta en un cuenco grande.

Precalienta la freidora a 180 °C (o llena hasta la mitad una sartén grande con aceite caliente; estará listo para usar cuando al poner con cuidado un trozo de pan en el aceite, este suba a la superficie de inmediato y comience a chisporrotear).

Introduce uno a uno los aros de cebolla en la masa y luego, con cuidado, en la freidora o la sartén.

Fríe solo 3-4 aros de cada vez, durante unos 4 min o hasta que estén dorados. Colócalos luego en un plato cubierto con papel de cocina, para que absorba el exceso de aceite. Continúa hasta que hayas frito todos los aros y cómelos de inmediato.

LA MEXICANA

Esta hamburguesa reúne todos los sabores clásicos mexicanos. También contiene muchas legumbres, así que resulta muy nutritiva, iy sin gluten!

PARA 4 HAMBURGUESAS

Para las hamburguesas:

200 g de garbanzos

90 g de alubias de riñón rojas

80 g de alubias negras

200 g de maíz dulce

2 cebolletas, cortadas muy finas

1 guindilla roja pequeña, cortada muy fina

Un puñado de cilantro

1 cucharada de pasta de chipotle

5 cucharadas de harina de trigo sarraceno

La raspadura y el zumo de $\frac{1}{2}$ lima

1 cucharada de salsa Cajún

2 cucharadas de aceite de oliva virgen extra

Un poco de aceite de coco para freír

Para la salsa de tomate:

2 tomates maduros, cortados muy finos

Un puñado de cilantro fresco

$\frac{1}{2}$ cebolla roja, cortada en aros muy finos

1 chile jalapeño fresco, cortado muy menudo

1 diente de ajo, majado

El zumo de 1 lima

Para servir:

Guacamole estilo Gaz (p. 86)

Pan sin gluten para hamburguesas

Nachos sin gluten

Precalienta el horno a 180 °C y forra una bandeja de horno con papel de horno.

Para preparar las hamburguesas, tan solo tienes que poner todos los ingredientes en la batidora y batir un poco. Tal vez debas limpiar las paredes del vaso un par de veces, pero no batas la mezcla en exceso o se convertirá en una pasta. Las hamburguesas han de tener un poco de consistencia.

Una vez que esté todo integrado, da forma a la masa con las manos; deberías obtener 4 hamburguesas. A mí me resulta más fácil dividir la masa en 4 bolas de tamaño similar y luego aplastar cada una para darle forma de hamburguesa sobre la superficie de trabajo. Coloca las hamburguesas en la bandeja de horno.

Precalienta una sartén antiadherente a fuego medio y añade un poco de aceite de coco. Fríe las hamburguesas de dos en dos, hasta que estén doradas por cada lado (lo que te llevará aproximadamente unos 2 min por cada lado). Pon de nuevo las hamburguesas en la bandeja y mételas en el horno para que se hagan durante 12 min más.

Mientras tanto, prepara la salsa de tomate (mezcla todos los ingredientes en un cuenco) y los condimentos de la hamburguesa.

Cuando saques las hamburguesas del horno, monta tu hamburguesa mexicana. Extiende una capa de guacamole y pon la hamburguesa encima, seguida de un poco de salsa y unos pocos nachos.

PLATOS PRINCIPALES

«Albóndigas» con salsa sriracha, noodles y verduras a la parrilla

Risotto de remolacha con nueces caramelizadas y crujientes de remolacha

Macarrones con «queso» y «beicon» de coco

Curry katsu con berenjena, calabacín y pimiento rojo

«Fish» & chips con salsa tártara y guisantes a la menta

Lasaña épica cruda

Pizza de garbanzos con guisantes ahumados

«Solomillo» Wellington de seitán

El asado vegano por excelencia

Estofado de coco, arroz y alubias con banana frita

«ALBÓNDIGAS» CON SALSA SRIRACHA, NOODLES Y VERDURAS A LA PARRILLA

Estas «albóndigas» picantes son exquisitas. La sriracha es una de mis salsas favoritas de siempre; el sabor ácido y picante que aporta a este plato es perfecto. Asegúrate de que las verduras a la parrilla se tuestan un poco, pues eso les da mucho sabor.

PARA 4 RACIONES

Para las «albóndigas»:

Un trozo de 300 g de tofu normal, escurrido

3 cebolletas, cortadas en rodajas muy finas

3 dientes de ajo, majados

1 guindilla roja pequeña, cortada muy menuda

Un puñado de cilantro, picado

1 cucharada de Sucedáneo de huevo (p. 32)

4 cucharadas de harina de trigo sarraceno

2 cucharadas de aceite de sésamo

1 cucharada de puré de tomate

3 cucharadas de salsa sriracha

1 cucharada de aceite de coco, para saltear

Para la salsa:

5 cucharadas de salsa sriracha

5 cucharadas de kétchup de tomate

3 cucharadas de jarabe de arce

5 cucharadas de agua

Para servir:

300 g de noodles de arroz

Verduras (como espárragos, pak-choi, bimi, rábanos, zanahorias y tirabeques)

Tiras de pepino

Semillas de sésamo

Cilantro fresco

Precalienta el horno a 180 °C y forra una bandeja de horno con papel de horno.

Comienza preparando las albóndigas. En un cuenco, aplasta el tofu con un pisapatatas, hasta que esté deshecho en pequeños trozos. Incorpora al cuenco el resto de ingredientes de las albóndigas y remueve hasta que esté todo mezclado. Si te queda muy húmedo, añade un par de cucharadas de harina.

Ahora tienes que dar forma a la mezcla. Coge una cucharada grande de la masa y dale forma de albóndiga con las manos. Repite hasta que hayas empleado toda la masa. Entre una albóndiga y otra, enharínate ligeramente las manos para que no se te quede la masa pegada. Coloca las albóndigas en la bandeja de horno forrada según las preparas.

Cocina los noodles de arroz siguiendo las instrucciones del fabricante y prepara las verduras para hacerlas a la parrilla.

Calienta una sartén antiadherente a fuego bajo, añade el aceite de coco y saltea las albóndigas en pequeñas cantidades, hasta que estén doradas. Deberías tardar unos 3 min por tanda. Luego vuelve a ponerlas en la bandeja e introdúcelas en el horno para que se cuezan durante unos 10 min más.

Mientras las albóndigas están en el horno, mezcla todos los ingredientes de la salsa en una cacerola pequeña y calienta a fuego lento hasta que llegue el momento de servir. Asa las verduras en una parrilla caliente hasta que estén ligeramente tostadas.

Cuando las albóndigas estén listas, sírvelas en un cuenco grande con los noodles de arroz, muchas verduras, las tiras de pepino y un montón de salsa.

Espolvorea por encima con las semillas de sésamo y el cilantro picado justo en el momento de servir.

RISOTTO DE REMOLACHA CON NUECES CARAMELIZADAS Y CRUJIENTES DE REMOLACHA

Este risotto, de un color púrpura intenso, aporta mucha energía. Las crujientes nueces caramelizadas combinan a la perfección con el risotto de remolacha, al que he añadido un toque de tomillo, y la remolacha crocante le da una dimensión adicional de textura y sabor.

PARA 4 RACIONES

3 remolachas crudas, peladas

3 cucharadas de aceite de oliva

4 chalotas, picadas muy finas

2 dientes de ajo, picados muy finos

2 ramitas de tomillo fresco, escogiendo las hojas

200 g de arroz arborio

240 ml de vino blanco vegano

1 l de Caldo de verduras caliente (p. 31), y un poco más

2 cucharadas de levadura nutricional

Sal marina y pimienta

Para los crujientes de remolacha:

1 remolacha cruda, pelada

1 cucharada de aceite de oliva

Sal marina y pimienta

Para las nueces caramelizadas:

250 g de azúcar extrafino (granulado) sin refinar

1 cucharada de mantequilla vegana

100 g de nueces

Para servir:

Rúcula fresca

Precalienta el horno a 180 °C y forra 3 bandejas de horno con papel de horno.

Para comenzar, corta 3 remolachas en dados y extiéndelas sobre una de las bandejas de horno. Riégalas con 2 cucharadas de aceite de oliva y sazónalas. Luego, ásalas durante 45 min o hasta que estén blandas.

A continuación prepara los crujientes de remolacha. Con una mandolina en la posición más fina, corta rodajas de remolacha y ponlas en un cuenco. Añade el aceite de oliva y condimenta. Mezcla bien para que todas las rodajas queden impregnadas y colócalas en otra de las bandejas de horno, asegurándote de que no queden unas encima de las otras. Mételas en el horno, un nivel por debajo de la otra bandeja; tardarán unos 15 min en estar crujientes, pero compruébalo cada 5 min.

Ahora le toca el turno a las nueces caramelizadas. Calienta el azúcar y la mantequilla en una cacerola de fondo grueso antiadherente a fuego medio. Cuando el azúcar y la mantequilla se hayan convertido en caramelo dorado, añade las nueces con cuidado. Remuévelas bien para que todas queden recubiertas. Luego sácalas de la cacerola y colócalas en la última bandeja de horno; asegúrate de que están muy separadas entre sí. Deja que reposen durante 5 min (se mantienen durante 3 días en un lugar fresco y seco).

Cuando la remolacha esté casi hecha, comienza a preparar el risotto. En una cacerola grande a fuego medio, saltea las chalotas, el ajo y el tomillo fresco en el resto de aceite de oliva. Remueve con frecuencia y asegúrate de que no se queman; tan solo tienen que ablandarse.

Cuando las chalotas estén blandas, baja el fuego y añade el arroz. Remueve durante 1 min para que todo el arroz quede bien impregnado.

Incorpora el vino blanco y remueve de vez en cuando hasta que el arroz lo haya absorbido por completo. Luego agrega el caldo de verduras poco a poco, removiendo hasta que también lo haya absorbido o te quedes sin caldo; esto te llevará unos 20 min. Transcurrido este tiempo, el arroz debería tener un aspecto cremoso; de no ser así, añade un poco más de caldo.

Comprueba que el arroz esté hecho. Si no, agrega más caldo y prolonga la cocción unos minutos más. Cuando esté listo, incorpora los dados de remolacha asados y la levadura nutricional, y remueve con cuidado. Comprueba la sazón y rectifica de sal marina y de pimienta si lo consideras necesario.

Sirve raciones generosas y cúbrelas con las nueces caramelizadas, los crujientes de remolacha y la rúcula fresca.

MACARRONES CON «QUESO» Y «BEICON» DE COCO

Un plato clásico del cual tenía que hacer la versión vegana. El resultado es tan cremoso y sabroso que te costará creerlo. Los trozos de coco son ahumados y tienen ese increíble sabor del beicon; también le dan una textura fantástica.

PARA 4 RACIONES

250 g de macarrones (o pasta sin gluten)

1 cucharada de aceite de oliva

$\frac{1}{2}$ coliflor, cortada en ramilletes pequeños

1 cebolla pequeña, cortada muy fina

2 dientes de ajo, majados

1 puerro, lavado y cortado muy fino

50 g de almendras

300 ml de Leche de almendras (p. 12)

1 cucharada de mostaza inglesa

1 cucharadita de pimentón

1 cucharada de hojas de tomillo fresco

1 lata de 400 ml de leche de coco

5 cucharadas de levadura nutricional

Sal y pimienta

Para el «beicon» de coco:

80 g de coco en copos

2 cucharadas de jarabe de arce

2 cucharadas de humo líquido

2 cucharadas de salsa de soja

1 cucharada de aceite de coco

Precalienta el horno a 150 °C y forra una bandeja de horno con papel de horno.

Primero hay que preparar el beicon de coco: mezcla todos los ingredientes en un cuenco. Cuando los copos de coco estén bien impregnados, espárcelos por la bandeja de horno y ásalos al horno durante 10-15 min, hasta que estén dorados y crujientes. Échale un ojo y mézclalo bien un par de veces, ya que se pueden quemar con facilidad.

Lleva a ebullición una olla grande con agua salada y cuece en ella los macarrones durante 8-10 min, hasta que estén al dente.

Blanquea los ramilletes de coliflor en agua hirviendo durante 3 min y escúrrelos.

Mientras tanto, en una sartén grande, saltea la cebolla, el ajo, el puerro y los ramilletes de coliflor con un poco de aceite. Deja que se hagan a fuego bajo, removiendo con frecuencia.

Bate las almendras y la leche de almendras hasta obtener una mezcla homogénea e incorpórala a la sartén con la cebolla para preparar la salsa.

Escurre la pasta y resérvala.

Añade la mostaza, el pimentón y el tomillo a la salsa, y remueve bien antes de incorporar la pasta ya cocida.

Agrega la leche de coco, la levadura y una pizca de sal y de pimienta; cocina durante 1-2 min más a fuego bajo, hasta que esté espeso y cremoso.

Sirve de inmediato con una pizca de pimentón y el beicon de coco.

CURRY KATSU CON BERENJENA, CALABACÍN Y PIMIENTO ROJO

Este es uno de los platos que más me gusta preparar. Esta versión es mucho más sana, pues rebozo la berenjena, el calabacín y el pimiento rojo en pan rallado sin gluten y luego los horneo. La mezcla de texturas hace que el plato resulte exquisito. ¡Me encantan los sabores japoneses!

PARA 4 RACIONES

4 cucharadas de harina de maíz (almidón de maíz)

4 cucharadas de harina sin gluten

60 g de harina de garbanzos o pan rallado sin gluten

$1/2$ berenjena, cortada en dados de 2,5 cm

$1/2$ calabacín, cortado en dados de 2,5 cm

1 pimiento rojo (morrón), cortado en dados de 2,5 cm

2 cucharadas de aceite de sésamo

Una pizca de sal marina y de pimienta

Para la salsa curry katsu:

1 cucharada de aceite de coco

1 cebolla roja, cortada muy fina

1 diente de ajo, majado

$1/2$ plátano, cortado en rodajas finas

1 zanahoria, cortada muy fina

1 cucharada de curry en polvo

1 cucharadita de garam masala

$1/2$ cucharadita de guindilla molida

350 ml de Caldo de verduras (p. 31)

2 cucharadas de salsa de soja

1 cucharada de puré de tomate

Para servir:

Arroz para sushi

Berros

Cebolla y rábanos en vinagre (p. 92)

Semillas de sésamo

Precalienta el horno a 180 °C y forra una bandeja de horno con papel de horno.

Mezcla la harina de maíz en un cuenco con agua suficiente para hacer una pasta espesa y pegajosa. Pon la harina en un segundo plato y la harina de garbanzos o pan rallado en otro.

Pasa uno a uno los trozos de verduras por la harina, a continuación por la masa hecha con harina de maíz (asegúrate de que quedan bien rebozados) y finalmente por el pan rallado o la harina de garbanzos. Coloca las verduras ya rebozadas en la bandeja de horno forrada.

Rocíalas por encima con el aceite de sésamo y espolvorea con la sal y la pimienta; luego hornéalas durante unos 25 min.

Mientras tanto, prepara la salsa katsu. Pon el aceite de coco en una sartén pequeña y caliéntalo a fuego bajo. Incorpora la cebolla, el ajo, el plátano y la zanahoria, y rehógalos durante 2 min hasta que estén blandos. Agrega las especias y fríe durante 2 min más, removiendo con frecuencia.

Luego incorpora el caldo, la salsa de soja y el puré de tomate, y deja que cueza a fuego lento durante 10 min para que se espese. Utiliza una batidora de mano para mezclar bien hasta que quede una salsa suave.

Cuando las verduras rebozadas estén crujientes y doradas, sácalas del horno hasta que llegue el momento de servir.

Sírvelas con el arroz de sushi y riégalo todo con cantidades generosas de salsa. Añade un poco de berros, cebolla y rábanos en vinagre como condimento, y remata con semillas de sésamo por encima.

« Fish » & chips

CON SALSA TÁRTARA Y GUISANTES A LA MENTA

Cuando mi versión vegana de este clásico de la comida inglesa se hizo viral en YouTube, mi canal se hizo famoso. Es muy sabroso y con él engañarás a cualquiera de tus amigos no veganos.

PARA 4-5 RACIONES

Para las patatas:

5 patatas medianas

2 cucharadas de harina normal para todo uso

4 cucharadas de aceite de oliva

Una pizca de sal marina y de pimienta

Para los filetes de «pescado»:

1 l aproximadamente de aceite de girasol

Un trozo de 400 g de tofu normal, escurrido

1 hoja grande (20 x 18 cm) de alga nori

El zumo de 1 limón

50 g de harina normal para todo uso

50 g de harina de maíz (almidón de maíz)

75 ml de cerveza vegana

75 ml de gaseosa

Una pizca de sal marina

Para los guisantes a la menta:

Aceite de oliva para freír

2 chalotas, cortadas muy finas

300 g de guisantes congelados

235 ml de Caldo de verduras (p. 31)

2 cucharadas de zumo de limón recién exprimido

1 cucharada de menta fresca picada muy fina

Una pizca de sal y de pimienta

Para la salsa tártara:

250 g de «Mayonesa» (p. 24)

3 cucharadas de alcaparras, escurridas y cortadas

3 cucharadas de pepinillos encurtidos

1 chalota pequeña, cortada en trozos menudos

1 cucharada de zumo de limón recién exprimido

3 cucharadas de perejil fresco picado

Una pizca de sal marina y de pimienta

Precalienta el horno a 180 °C y forra una bandeja de horno con papel de horno.

Primero, prepara las patatas. Lava y corta las patatas con la forma que prefieras. A mí me gustan las patatas alargadas y gruesas, y les dejo la piel, pero tú eliges si las pelas o no.

Cubre las patatas con agua en una olla grande, añade una pizca de sal y ponlas a fuego medio. Déjalas hervir durante 2 min y luego escúrrelas. Precocer las patatas así hace que el interior quede muy blando; te recomiendo fervientemente que lo hagas si te gustan las patatas gruesas.

Dispón las patatas precocidas en la bandeja de horno y espolvoréalas con harina; asegúrate de que todas queden bañadas. Rocíalas con aceite de oliva y condimenta. Luego, ásalas durante unos 25-30 min o hasta que estén doradas y crujientes.

Mientras se hacen las patatas, es el momento de preparar el sucedáneo del pescado. Vierte el aceite de girasol en una sartén grande a fuego medio o ajusta la freidora a 180 °C. Si usas una sartén, llénala hasta la mitad, para evitar que el aceite rebose cuando eches el tofu.

Corta el trozo de tofu en rectángulos o filetes. Con ayuda de unas tijeras, corta la hoja de nori en trozos que tengan la misma forma y tamaño que los filetes de tofu. El nori se asemeja a la piel de pescado y también le da un intenso sabor a mar.

Coloca el nori sobre el tofu y exprime un poco de zumo de limón por encima para que se peguen. Reserva mientras bates la masa de cerveza.

Para ello, tamiza las harinas y la sal en un cuenco e incorpora la cerveza y la gaseosa. Mezcla todo con una cuchara de madera hasta que obtengas una masa espesa. Déjala reposar durante unos minutos.

Mientras tanto, prepara los guisantes a la menta. Saltea las chalotas en una sartén con un poco de aceite de oliva, hasta que estén blandas. Agrega los guisantes, el caldo y el zumo de limón, y cuece a fuego medio hasta que hierva. Con ayuda de una licuadora de mano, bátelo todo y después añade la menta y salpimienta. Mantenla caliente hasta que llegue el momento de servir.

Mezcla todos los ingredientes de la salsa tártara en un cuenco y resérvala hasta que la vayas a servir.

En este punto, el aceite ya estará lo suficientemente caliente para freír en él el tofu. Debería humear un poco, pero, para estar seguros, echa un trozo de pan en el aceite: si sube de inmediato a la superficie y se dora, el aceite está listo.

Introduce cada trozo de tofu envuelto en nori en la masa, uno a uno, y luego en el aceite con mucho cuidado. Fríelos hasta que la masa esté dorada, que será transcurridos unos 4 min. Luego colócalos en un plato con papel de cocina, para que absorba el exceso de aceite. Espolvorea con sal.

Retira las patatas del horno, sírvelas con el pescado de tofu, la salsa de guisantes y la salsa tártara.

LASAÑA ÉPICA CRUDA

Esta lasaña es deliciosamente ligera, nutritiva y refrescante. Puedes hacer de ella un plato único y tiene, además, una mezcla de sabores increíble.

PARA 4 RACIONES

Para la salsa de «queso»:

150 g de anacardos crudos

2 cucharadas de zumo de limón recién exprimido

2 cucharadas de levadura nutricional

1 cucharadita de tomillo fresco

180 ml de Leche de almendras (p. 12)

Una pizca de sal marina y de pimienta

Para la sabrosa salsa de tomate:

45 g de tomates secados al sol en aceite

1 tomate corazón de buey

½ diente de ajo

2 cucharadas de aceite de oliva ahumado

4 cucharadas de agua filtrada

1 cucharada de zumo de limón recién exprimido

1 cucharada de hojas de albahaca fresca picadas

Para el pesto:

Un puñado de albahaca fresca

Un puñado de perejil fresco

½ aguacate maduro

2 cucharadas de aceite de oliva virgen extra

60 ml de agua filtrada

80 g de piñones

1 diente de ajo

2 cucharadas de zumo de limón

Una pizca de sal marina y de pimienta

Para las capas de verduras:

2 calabacines

8 rábanos

2 tomates corazón de buey

Un puñado de espinacas frescas

Un puñado de hojas de albahaca fresca

Pon los anacardos en remojo en agua durante al menos 1 h.

Prepara la salsa de tomate. Para ello, escurre los tomates secos e introdúcelos en la batidora con el resto de los ingredientes. Bate un poco, hasta que esté lo suficientemente mezclado; a mí me gusta la salsa de tomate con cierta textura. Vierte la salsa en un cuenco, cúbrelo con papel film y guárdalo en la nevera para que se enfríe hasta que estés listo para montar la lasaña. Lava la batidora.

Ahora, prepara la salsa de queso. Escurre los anacardos y bátelos con el resto de ingredientes, hasta que obtengas una salsa lisa, casi sedosa. Échala en un cuenco, cúbrela con papel film y métela en la nevera hasta que llegue el momento de montar la lasaña. Lava la batidora.

A continuación le toca el turno al pesto. El proceso es el mismo; tan solo tienes que batir todos los ingredientes hasta obtener una salsa homogénea. Añade un poco de aceite de oliva o un poco de agua si está demasiado seca.

Luego prepara las verduras. Con ayuda de una mandolina en la posición más fina, corta los calabacines a lo largo; ten mucho cuidado y no te olvides de poner la protección para las manos. Si consigues cortar los calabacines muy finos, no necesitarás marinarlos, lo que estropearía los nutrientes.

Utiliza un cuchillo afilado para cortar los rábanos y tomates en rodajas tan finas como puedas. Lava las hojas de las espinacas y la albahaca.

Para montar la lasaña, puedes usar un molde cuadrado o redondo, o ponerlo todo en una bandeja. Primero dispón una capa de rodajas de calabacín, seguida por rodajas de rábanos, tomates y espinacas, una capa de salsa de tomate, seguida de la salsa de queso y, por último, el pesto. Repite las capas superpuestas hasta llenar el molde o hasta que consideres suficiente. Luego retira el molde, si lo estás usando, y rocía con un poco de salsa por los lados.

Termina sazonando con un poco de pimienta negra recién molida y unas hojas de albahaca.

Lasaña épica cruda

Pizza de garbanzos con
guisantes ahumados

PIZZA DE GARBANZOS CON GUISANTES AHUMADOS

Te presento una alternativa muy sana a la pizza tradicional, que además rezuma sabor y color. Los espárragos y las cebolletas a la parrilla elevan su sabor a una nueva dimensión. El pan plano de garbanzos es originario de Italia, donde se le llama «socca».

PARA 2 PIZZAS DE 25 CM

Para el pan plano de garbanzos:

135 g de harina de garbanzos

Una pizca de sal y de pimienta

352 ml de agua

1 cucharada de aceite de oliva

Para los guisantes ahumados:

3 chalotas, cortadas muy finas

Aceite de oliva, para freír

195 g de guisantes congelados

60 ml de caldo de verduras caliente

1 cucharada de zumo de limón recién exprimido

$\frac{1}{2}$ cucharadita de humo líquido (o de pimentón ahumado)

Una pizca de sal y de pimienta

Para añadir por encima:

8 yemas de espárragos, cortadas y lavadas

8 cebolletas, con los extremos cortados y lavadas

80 g de habas congeladas, descongeladas y peladas

La raspadura de $\frac{1}{2}$ limón

3 cucharadas de «Queso cremoso» (p. 15)

Para decorar:

Brotes de guisantes

Hojas de menta fresca

Prepara primero la masa del pan plano de garbanzos. Para ello, tamiza la harina con la sal y la pimienta en un cuenco. Hazte con un batidor de varillas y mezcla mientras viertes el agua y el aceite de oliva; debería tener la consistencia de una masa. Cubre el cuenco con papel film y guárdala en la nevera para que repose durante 20 min. Esto te permite preparar el resto de los componentes de la pizza.

Para hacer los guisantes ahumados, saltea a fuego medio las chalotas con un poco de aceite de oliva en una sartén pequeña, hasta que estén blandas. Incorpora los guisantes, el caldo y el zumo de limón, y mantén al fuego hasta que los guisantes estén hirviendo. Con ayuda de una batidora de mano, tritura todo; a mí me gusta con cierta textura, así que no batas en exceso. Añade un par de gotas de humo líquido, o de pimentón ahumado, remueve para mezclarlo bien y reserva el puré de guisantes hasta que lo necesites.

Calienta una parrilla y entonces agrega un poco de aceite de oliva (¡asegúrate de tener la campana extractora encendida!). Pasa los espárragos y las cebolletas rápidamente por la parrilla hasta que estén ligeramente chamuscados,

retíralos del fuego y reserva. La plancha deberá estar realmente caliente, pues solo te interesa chamuscar la parte externa de los espárragos y no cocinarlos por dentro.

Precalienta el gratinador del horno y calienta una sartén antiadherente y refractaria de 28 cm a fuego bajo. Añade un poco de aceite de oliva, incorpora la masa de garbanzos y cocínala durante 2 min. Con mucho cuidado, coge la sartén y colócala bajo el gratinador durante 2 min (esto te ahorra tener que dar la vuelta a la masa en el recipiente).

Pasado ese tiempo, retírala con cuidado del gratinador. El pan plano debería tener un bonito aspecto dorado.

Con una cuchara, dispón por encima la mezcla de guisantes ahumados y a continuación las cebolletas y los espárragos. Remata con las habas, la piel de limón y unas porciones del queso de anacardos.

Vuelve a poner la pizza, ahora con todos los ingredientes, bajo el gratinador durante 2 min más.

Sírvela con los brotes de guisantes y las hojas de menta fresca.

«SOLOMILLO» WELLINGTON DE SEITÁN

Prepara este plato en una ocasión especial y sírvelo con la Ensalada verde (p. 162): no dejarás a tus invitados indiferentes. Tiene todos los sabores del tradicional solomillo Wellington. Si no quieres utilizar seitán, siempre puedes sustituirlo por champiñones blancos salteados.

PARA 8-10 RACIONES

500 g de Hojaldre (p. 30); también puedes comprarlo en una tienda vegana

2 cucharadas de Leche de almendras (p. 12)

1 cucharada de aceite de oliva virgen extra

2 cucharaditas de néctar de agave

Una pizca de sal marina

Para el «solomillo» de seitán, ingredientes húmedos:

160 ml de Caldo de verduras caliente (p. 31)

10 g de boletos secos

Aceite de oliva, para freír

1 cebolla roja, cortada muy fina

2 dientes de ajo, cortados muy finos

120 ml de vino tinto

50 g de remolacha cocida y cortada

50 g de alubias negras en conserva

3 cucharadas de puré de tomate

1 cucharada de salsa de soja

1 cucharada de vinagre balsámico

1 cucharada de pasta de miso de arroz integral

1 cucharadita de pasta Marmite

1 cucharadita de salvia seca

1 cucharadita de orégano seco

$1/4$ cucharadita de clavos de olor molidos

1 cucharadita de pimienta cayena

$1/2$ cucharadita de romero seco

1 cucharadita de estragón seco

1 cucharadita de sal marina

1 cucharada de pimienta negra recién molida

Para el «solomillo» de seitán, ingredientes secos:

300 g de seitán (gluten de trigo)

50 g de harina de garbanzos

2 cucharadas de levadura nutricional

Para el caldo:

1 l de Caldo de verduras (p. 31)

240 ml de vino tinto

1 cucharada de pasta de miso

1 cebolla, pelada y cortada en cuatro

3 dientes de ajo

2 clavos de olor

1 hoja de laurel

2 ramitas de romero

3 cucharadas de boletos secos

Hierbas y especias opcionales para el filete:

$1/4$ cucharadita de salvia seca

$1/4$ cucharadita de orégano seco

$1/4$ cucharadita de pimienta cayena

$1/4$ cucharadita de romero seco

$1/4$ cucharadita de estragón seco

1 cucharada de pimienta negra recién molida

Para el relleno:

450 g de champiñones

2 dientes de ajo, majados

1 cucharada de hojas de romero fresco, picadas muy finas

Un puñado de espinacas, mustias

2 cucharadas de mostaza inglesa

(*Continúa en la p. 140*)

Para los ingredientes húmedos, mezcla el caldo de verduras caliente con los boletos y deja reposar durante 5 min, para que se rehidraten.

Calienta una cacerola antiadherente y añade un poco de aceite de oliva. Cuando la cacerola esté caliente, incorpora la cebolla y el ajo, baja el fuego y rehoga hasta que estén blandos y ligeramente caramelizados, durante unos 2 min, removiendo a menudo.

Retira la cacerola del fuego e introduce las cebollas y el ajo en la batidora con el resto de ingredientes húmedos, además de los boletos y el caldo. Deja que la mezcla se enfríe durante 5 min antes de batirla. Esto te da tiempo para preparar los ingredientes secos.

Mezcla el gluten de trigo, la harina de garbanzos y la levadura nutricional en un cuenco grande.

Bate los ingredientes húmedos hasta obtener una mezcla homogénea y añádela al cuenco con los ingredientes secos. Remueve rápidamente con una espátula, hasta que esté todo integrado.

Ahora necesitarás usar las manos para amasar. Trabaja la masa durante unos 10 min, ya sea en el cuenco o en una superficie de trabajo limpia. La masa será bastante húmeda, por lo que conviene espolvorear la superficie (o el cuenco) con harina de garbanzos. Es importante que amases bien: cuanto más amases, mejor textura, semejante a la carne, tendrá el seitán, así que ¡no te cortes!

Después de amasar, vuelve a introducir la masa en el cuenco, cúbrelo con un paño de cocina limpio y deja que repose y se endurezca durante 15 min.

Mientras la masa reposa, pon a calentar los ingredientes del caldo en una gran cacerola hasta que hierva; luego reduce el fuego para que cueza lentamente.

Dale a la masa forma de solomillo, para que sea más fácil envolverla con el hojaldre. Espolvorea el solomillo con las hierbas y especias opcionales, si lo deseas. Envuelve con cuidado el solomillo en una gasa de quesero y anuda los extremos; esto mantendrá la forma.

Con cuidado, introduce el solomillo en la cacerola con el caldo, tápalo y cuécelo durante 1 h y 15 min, o hasta que esté firme al tacto. Asegúrate de que el caldo no llegue a hervir. Yo suelo girar el solomillo de seitán un par de veces, con mucho cuidado, para asegurarme de que se hace igual por todos lados.

Mientras tanto, prepara el relleno de champiñones. Tritúralos en la batidora junto con el ajo y el romero. Calienta una sartén antiadherente, añade la mezcla de champiñones y cocínala hasta que haya salido toda el agua natural de los champiñones. Salpimienta ligeramente y, con una cuchara, pon la mezcla en un cuenco, cúbrelo con papel film y déjalo enfriar en la nevera.

Cuando el solomillo se haya cocido en el caldo durante 75 min, comprueba que esté firme. Si es así, retíralo del caldo y colócalo en un plato; si no, déjalo cocer unos minutos más. Deja que enfríe a temperatura ambiente. No te deshagas del caldo; puedes reducirlo para hacer una salsa de carne para servir junto con el solomillo.

Precalienta el horno a 190 °C y forra una bandeja de horno con papel de horno.

En un cuenco, mezcla la leche de almendras, el aceite de oliva virgen extra, el néctar de agave y la sal, para usarlo como glaseado.

Extiende el hojaldre en forma de rectángulo de 25 x 36 cm y de unos 3 mm de grosor. Dispón sobre la masa la mezcla ya fría de champiñones, dejando un borde de unos 2,5 cm. A continuación, dispón por encima una capa de las espinacas mustias. Pincela ligeramente el solomillo con la mostaza y luego ponlo a lo largo del hojaldre, sobre los champiñones y las espinacas. Pincela los bordes con el glaseado de leche.

Envuelve el solomillo con el hojaldre, de manera que la unión quede por debajo. Sella los extremos, pinta con el glaseado todo por encima y ponlo en una bandeja de horno.

Ásalo durante 25 min o hasta que el hojaldre esté dorado y crujiente. Sírvelo con salsa de carne hecha con el caldo reducido.

EL ASADO VEGANO POR EXCELENCIA

Este asado es de todo menos aburrido y está lleno de sabores increíbles y nutrientes excelentes. Es perfecto para ocasiones especiales o comidas familiares. Lo puedes servir con Salsa de «carne» y Ensalada verde con limón (pp. 162-163).

PARA 8-10 RACIONES

3 cucharadas de aceite de oliva virgen extra

1 cebolla roja, cortada muy fina

2 dientes de ajo

1 pimiento rojo (morrón), cortado en dados

1 puerro, lavado y cortado muy fino

200 g de calabaza violín, pelada y cortada en dados

75 g de champiñones blancos cortados gruesos

60 g de castañas envasadas al vacío, cortadas gruesas

$\frac{1}{2}$ cucharadita de pimentón

$\frac{1}{2}$ cucharadita de pimienta cayena

$\frac{1}{4}$ cucharadita de canela molida

1 ramita de romero fresco, las hojas picadas muy finas

10 hojas de salvia fresca, picadas muy finas

Sal marina y pimienta

La piel de 1 limón

75 g de frutos secos mezclados

75 g de lentejas rojas, cocidas

45 g de pan rallado sin gluten

50 g de arándanos rojos secos, cortados gruesos

50 g de orejones de albaricoque, cortados gruesos

50 g de tomates secos al sol, cortados gruesos

4 cucharadas de Sucedáneo de huevo (p. 32)

Precalienta el horno a 180 °C y forra un molde para bizcocho de 900 g con papel de horno.

Calienta el aceite de oliva en una gran cacerola a fuego medio, incorpora la cebolla, el ajo, el pimiento, el puerro, la calabaza, los champiñones y las castañas y saltéalo todo durante 2 min, removiendo a menudo. Añade las especias, las hierbas, la sal, la pimienta y la piel de limón, y remueve bien.

Baja el fuego y cocínalo durante 8-10 min más, removiendo de vez en cuando. Tan solo te interesa que los sabores se combinen y que las verduras se ablanden.

Mientras se cuecen las verduras, muele los frutos secos en la batidora hasta que parezcan migas de pan, y luego ponlos un cuenco grande.

Añade las lentejas, el pan rallado, los arándanos secos, los orejones y los tomates secos al sol.

Cuando las verduras se hayan ablandado, incorpóralas al cuenco, mezcla todo bien con una cuchara de madera, agrega el sucedáneo de huevo y remueve para que todo se integre.

Dispón la mezcla en el molde y presiónala todo lo que puedas. Cubre el molde con papel de aluminio y métela en el horno durante 35-40 min. Una vez hecho, deja que se enfríe durante 5 min antes de pasarlo del molde a un plato de servir. Corta en trozos de 4 cm.

ESTOFADO DE COCO, ARROZ Y ALUBIAS CON BANANA FRITA

Los sabores caribeños de este delicioso y cremoso estofado de coco te sorprenderán. Aquí lo sirvo con mi ingrediente favorito de siempre: la banana. Si se fríe en aceite de coco, se carameliza y queda exquisita.

PARA 5 RACIONES

1 cucharada de aceite de coco

2 cebollas rojas, cortadas en trozos

Un trozo de 3 cm de jengibre fresco, cortado muy fino

2 dientes de ajo, majados

1 guindilla roja, sin semillas y picada muy fina

3 cucharaditas de especias jamaicanas

Una pizca de sal marina y de pimienta

1 calabaza violín mediana, pelada y cortada en dados

2 patatas, peladas y cortadas en dados

1 berenjena mediana, cortada en dados

1 calabacín, cortado en dados

1 pimiento rojo (morrón), cortado en dados

1 lata de 400 ml de leche de coco

300 ml de Caldo de verduras (p. 31)

2 cucharadas de puré de tomate

El zumo de $\frac{1}{2}$ lima

165 g de garbanzos en conserva, escurridos y aclarados

75 g de anacardos tostados

Un puñado de espinacas

100 g de mango pelado y cortado en dados

Para el arroz y las alubias:

1 lata de 400 g de alubias de riñón; reserva el líquido

1 lata de 400 g de leche de coco

400 ml de Caldo de verduras (p. 31)

3 cucharadas de hojas de tomillo fresco

Una pizca de sal marina y de pimienta negra

450 g de arroz de grano largo, aclarado

Para la banana frita:

2 bananas medianas, peladas y cortadas en trozos de 1 cm

2 cucharadas de aceite de coco

Comienza preparando el curry. Calienta una gran cacerola con tapa a fuego bajo y pon en ella el aceite de coco. Cuando esté caliente, incorpora la cebolla, el jengibre, el ajo y la guindilla. Rehoga durante 2 min mientras remueves. Añade las especias jamaicanas, la sal y la pimienta, y cuece durante 2 min más.

Luego incorpora la calabaza, las patatas, la berenjena, el calabacín y el pimiento, y saltea durante 4-5 min, hasta que las verduras se hayan ablandado ligeramente.

Vierte la leche de coco, el caldo, el puré de tomate y agrega el zumo de lima. Tapa la cacerola y cuece durante 15-20 min a fuego lento, removiendo de vez en cuando.

Mientras se hace el estofado, prepara el arroz y las alubias. Pon las alubias en una cacerola de tamaño medio con la leche de coco y el caldo. Condimenta con el tomillo, la sal y la pimienta, y echa el arroz cuando empiece a hervir. Deja que hierva durante 2 min antes de tapar, bajar el fuego y dejar que cueza a fuego lento durante 15 min o hasta que el arroz haya absorbido todo el líquido y esté listo.

Cuando el estofado haya cocido durante 15 min, comprueba si la calabaza y las patatas están cocidas. De no ser así, deja que se hagan durante unos minutos más. Cuando estén listas, añade los garbanzos, los anacardos tostados, las espinacas y el mango.

Déjalo cocer durante 3 min más y luego apaga el fuego.

Justo antes de servir, fríe la banana. Funde el aceite de coco en una sartén grande antiadherente a fuego medio. Fríe los trozos de banana por ambos lados, hasta que estén caramelizados y dorados.

Sirve porciones generosas de arroz y alubias, estofado y banana en platos grandes, con una rodaja de lima y cilantro fresco espolvoreado por encima.

ENSALADAS

Ensalada de arroz salvaje
y frutos secos

Ensalada César con
espárragos y col rizada

Ensalada de remolacha,
boniato, naranja y nueces

Ensalada de tubérculos
con vinagreta de semillas
de amapola y avellanas

Ensalada Satay cruda

Ensalada de calabacines
y espárragos a la parrilla
con vinagreta de naranja

ENSALADA DE ARROZ SALVAJE Y FRUTOS SECOS

Esta sabrosa ensalada con frutos secos tiene muchísima fibra y proteínas. Su sabor es increíblemente fresco y es una de mis favoritas.

PARA 4 RACIONES GENEROSAS

250 g de arroz salvaje

30 g de copos de coco

30 g de avellanas

30 g de nueces pecanas

4 cebolletas, cortadas muy finas

45 g de orejones de albaricoque, cortados

$\frac{1}{2}$ pimiento verde, cortado en dados

140 g de maíz dulce en conserva, escurrido

Unas pocas hojas de menta fresca, cortadas

El zumo de 1 lima

2 cucharadas de aceite de avellanas

Una pizca de sal

Una pizca de pimienta cayena

Una pizca de guindilla seca en copos

Cuece el arroz según las instrucciones que figuren en el paquete. Cuando esté cocido, ponlo bajo el grifo de agua fría para que se enfríe por completo.

Mientras se cuece el arroz, tuesta los copos de coco y los frutos secos en una sartén sin aceite o en una bandeja de horno a 180 °C durante 5 min, hasta que estén ligeramente tostados. No los pierdas de vista para que no se quemen. Resérvalos hasta que enfríen.

Cuando tanto el arroz como los frutos secos se hayan enfriado, incorpóralos en un cuenco grande con el resto de ingredientes. Mezcla bien y sirve fría.

ENSALADA CÉSAR CON ESPÁRRAGOS Y COL RIZADA

He creado una versión vegana de esta clásica ensalada, añadiéndole un toque particular: pan chapata tostado y un poco de «beicon» de coco. Es cremosa y deliciosa.

PARA 4 RACIONES

10 yemas de espárragos

Un puñado de col rizada, cortada en tiras

130 g de guisantes congelados

1 cucharada de aceite de oliva

4 rebanadas de chapata

2 cogollos de lechuga (hojas separadas y lavadas)

Unas hojas de menta fresca

Unas hojas de eneldo fresco

«Beicon» de coco (p. 124)

Para la vinagreta:

1 diente de ajo, majado

1 cucharada de alcaparras, cortadas muy menudas

4 cucharadas de «Mayonesa» (p. 24)

2 cucharadas de levadura nutricional

1 cucharada de zumo de limón recién exprimido

Una pizca de sal marina y de pimienta

Precalienta el horno a 180 °C y forra una bandeja de horno con papel de horno. Llena un cuenco con agua helada.

Mientras tanto, pon a hervir una cacerola grande de agua, añade una pizca de sal marina e incorpora los espárragos, seguidos poco después por la col rizada y los guisantes. Cuécelos tan solo durante 60 s; luego, sácalos del agua hirviendo e introdúcelos en el agua helada, para detener de inmediato la cocción.

Cuando estén fríos, retíralos del agua, escúrrelos y resérvalos.

Calienta una parrilla a fuego alto, añade una cucharada de aceite de oliva y, cuando la parrilla esté caliente, tuesta las rebanadas de chapata. Intenta conseguir líneas tostadas en ambos lados. Luego, retíralas de la parrilla y córtalas en trozos pequeños.

Mezcla bien todos los ingredientes de la vinagreta en un cuenco pequeño.

En una ensaladera, mezcla la lechuga, los espárragos, la col rizada, los guisantes y las hierbas con un poco de vinagreta. Añade el beicon de coco y el chapata tostado por encima. Sirve con el resto de la vinagreta como acompañamiento.

ENSALADA DE REMOLACHA, BONIATO, NARANJA Y NUECES

Esta ensalada templada sabe tan bien como promete. ¡Tiene tanta energía! El sabor dulce y terroso de la remolacha combina a la perfección con la intensa vinagreta, y las nueces aportan un magnífico punto crujiente. Es la ensalada perfecta para el otoño.

PARA 4 RACIONES

3 remolachas, peladas

2 boniatos, pelados

1 cucharada de aceite de oliva

2 ramitas de tomillo fresco

2 naranjas, peladas y cortadas en gajos

Un puñado de rúcula

Un puñado de espinacas

3 cucharadas de cebollinos cortados

30 g de nueces, tostadas ligeramente en una sartén sin aceite

Para la vinagreta:

3 cucharadas de aceite de nuez o aceite de oliva virgen extra

1 cucharadita de mostaza en grano

2 cucharadas de vinagre de vino tinto

La raspadura de $\frac{1}{2}$ naranja

Una pizca de sal y de pimienta

Precalienta el horno a 200 °C. Forra una bandeja de horno con papel de horno.

Corta la remolacha y el boniato en cuñas de tamaño similar. Dispón los trozos en la bandeja de horno, rocíalos con el aceite de oliva y mezcla todo bien para asegurarte de que todos los trozos quedan impregnados. Rompe el tomillo con las manos y espolvoréalo por la bandeja. Hornea durante 25 min, o hasta que esté blando.

Mezcla los ingredientes de la vinagreta en un cuenco pequeño.

Cuando el boniato y la remolacha estén listos, retíralos del horno y déjalos que se enfríen un poco.

Pon los gajos de naranja, la rúcula, las espinacas, los cebollinos y las nueces en una ensaladera, seguidos de la remolacha y el boniato templados. Riega con un par de cucharadas de vinagreta, mezcla un poco y sirve de inmediato.

ENSALADA DE TUBÉRCULOS CON VINAGRETA DE SEMILLAS DE AMAPOLA Y AVELLANAS

Esta ensalada cruda sorprende por su intenso sabor; además, la vinagreta realza el dulzor natural de las verduras crudas. Puedes utilizar diferentes variedades de remolacha para darle aún más color.

PARA 4 RACIONES

3 remolachas (mezcladas, si lo prefieres)

1 apio nabo pequeño

2 zanahorias

1 manzana dulce

4 rábanos

2 cebolletas

4 cucharadas de granos de granada

3 cucharadas de avellanas crudas, cortadas

2 cucharadas de estragón fresco, cortado

Para la vinagreta:

1 cucharada de semillas de amapola

4 cucharadas de vinagre de sidra de manzana

2 cucharadas de néctar de agave

2 cucharadas de zumo de naranja recién exprimido

Una pizca de sal marina y de pimienta

Pela las remolachas y utiliza la mandolina, en la posición más fina, para cortarlas en rodajas; colócalas en un cuenco grande. Si no dispones de mandolina, emplea un pelador de verduras para crear tiras alargadas.

Lava el apio nabo y a continuación pélalo para obtener también tiras alargadas. Haz lo mismo con las zanahorias y añádelo todo al cuenco.

Con un cuchillo afilado, corta en rodajas tan finas como te sea posible la manzana, los rábanos y las cebolletas. Incorpóralos al cuenco, junto con los granos de granada.

Para la vinagreta, mezcla todos los ingredientes en un cuenco pequeño.

Vierte la vinagreta sobre las verduras, remueve y deja enfriar la ensalada en la nevera durante al menos 15 min. La acidez de la vinagreta ablanda las verduras e intensifica los sabores.

Sirve espolvoreando por encima las avellanas y el estragón.

ENSALADA SATAY CRUDA

Esta ensalada cruda ofrece la combinación perfecta de sabores: fresco, dulce, picante y a frutos secos; me encantan los toques asiáticos. Los edamame y los cacahuetes son una gran fuente de proteínas.

PARA 6 RACIONES

3 zanahorias, ralladas

1 calabacín, rallado

75 g de col lombarda, cortada en tiras finas

110 g de edamame congelado, descongelado

Un puñado de brotes de guisante

15 g de hojas seleccionadas de albahaca tailandesa

55 g de tirabeques, cortados por la mitad

2 cogollos de lechuga

Para la vinagreta:

2 cucharadas de Mantequilla de cacahuetes y almendras (p. 33)

1 diente de ajo, majado

1 guindilla roja pequeña, sin semillas y picada muy fina

Un trozo de 3 cm de jengibre fresco, cortado muy fino

2 cucharadas de salsa de soja ligera

1 cucharada de jarabe de arce o azúcar de coco

2 cucharadas de zumo de lima recién exprimido

2 cucharaditas de tahini

120 ml de agua

2 cucharadas de semillas de sésamo

Prepara primero la vinagreta: con ayuda de un batidor de varillas, mezcla todos los ingredientes en un cuenco o jarra y reserva.

Dispón todos los ingredientes para la ensalada en una ensaladera, mézclalos y vierte la vinagreta por encima; vuelve a mezclar. Sirve de inmediato.

ENSALADA DE CALABACINES Y ESPÁRRAGOS A LA PARRILLA CON VINAGRETA DE NARANJA

Esta ensalada surgió de mi amor por los ingredientes primaverales y estivales: los espárragos, el hinojo marino, los calabacines, los berros... Y así un largo etcétera. Si tuestas bien los calabacines, la ensalada alcanza un nivel superior de sabor que resulta, simplemente, asombroso.

PARA 4 RACIONES

250 g de yemas de espárragos

35 g de hinojo marino

35 g de habas, peladas

35 g de guisantes

35 g de tirabeques

1 cucharadita de aceite de oliva

1 calabacín, cortado en rodajas longitudinales muy finas

60 g de berros frescos

Un puñado de hojas de menta fresca

2 cucharadas de pistachos tostados

2 cucharadas de piñones tostados

Para la vinagreta:

El zumo y la raspadura de $\frac{1}{2}$ naranja

El zumo de $\frac{1}{2}$ lima

1 cucharadita de guindilla seca en copos

2 cucharadas de aceite de oliva virgen extra

Una pizca de sal marina

Una pizca de pimienta negra recién molida

Para comenzar, llena un cuenco grande con agua fría y añade un puñado de cubitos de hielo.

Pon a hervir agua en una cacerola grande, agrega una pizca de sal y a continuación introduce las yemas de espárragos. Cuécelas durante 30 s antes de añadir el hinojo marino, las habas, los guisantes y los tirabeques. Cuando hayan transcurrido 30 s, retira todo del agua hirviendo e introdúcelo rápidamente en el cuenco con el agua helada. Transcurrido 1 min, saca todas las verduras y resérvalas en un plato con papel de cocina, para que sequen. Los espárragos deberían estar muy verdes y tiernos, al dente, así que asegúrate de no pasarte.

Precalienta una parrilla, pon en ella el aceite de oliva y asa las rodajas de calabacín por ambos lados hasta que estén un poco ennegrecidas.

Mientras, en un cuenco, mezcla todos los ingredientes para la vinagreta.

¡Llegó el momento de montar la ensalada! Echa en una ensaladera grande los berros y las hojas de menta, y a continuación las verduras blanqueadas: los espárragos, el hinojo marino, las habas, los guisantes y los tirabeques, así como los frutos secos tostados y el calabacín. Riégalo todo por encima con la vinagreta y mezcla bien.

Sirve en platos grandes, y ¡al ataque!

ACOMPAÑAMIENTOS

Clásica tempura de verduras
con salsa para mojar

Patatas fritas de boniato

Ensalada arcoíris

Ensalada verde con limón

Salsa de «carne»

Papillote de verduras
a la marroquí

Patatas gratinadas

Patatas fritas de polenta
con hierbas y limón

CLÁSICA TEMPURA DE VERDURAS CON SALSA PARA MOJAR

Sin duda, una tentación a la que sucumbir de vez en cuando. Tal vez pienses que rebozar las verduras para luego freírlas en abundante aceite sea estropearlas, pero esta receta clásica saca lo mejor de ellas. Asegúrate de no rebozarlas en exceso y de que el aceite esté muy caliente; así se harán en un pispás sin perder sabor.

PARA 4 RACIONES

Un puñado de yemas de espárragos

1 zanahoria, pelada y cortada en rodajas de 4 mm

1 cebolla roja, cortada en cuatro

Un puñado de hojas de col rizada

1 cabeza of brécol, separada en ramilletes

1 l de aceite vegetal, para freír

Para la masa:

65 g de harina normal para todo uso (o harina sin gluten)

65 g de harina de maíz (almidón de maíz)

Una pizca de sal marina

240 ml de agua con gas

Para la salsa:

2 cucharadas de vinagre de vino de arroz

2 cucharadas de salsa de soja ligera

1 cucharadita de guindilla seca en copos

1 cucharadita de néctar de agave

1 diente de ajo pequeño, majado

Precalienta la freidora llena de aceite a 180 °C, o si se trata de una sartén grande llénala hasta la mitad de aceite y ponla a fuego medio.

Mezcla todos los ingredientes de la salsa para mojar en un cuenco pequeño y reserva.

Incorpora todas las harinas y la sal a un cuenco grande y mezcla bien. Con un batidor de varillas, añade el agua poco a poco mientras bates hasta obtener una masa ligera y homogénea. La utilizarás para rebozar un poco las verduras.

Moja las verduras en la masa, de una en una, elimina el exceso e introdúcelas con cuidado en el aceite caliente. No llenes en exceso la freidora ni la sartén; es mejor freír unas pocas de cada vez.

Fríe las verduras durante 2-3 min, extráelas con ayuda de una espumadera de rejilla o araña y colócalas en una bandeja de horno forrada con papel de cocina para que absorba el exceso de aceite. Guárdalas en el horno, a temperatura baja, para que no se enfríen mientras cocinas el resto.

Sirve con la salsa para mojar.

PATATAS FRITAS DE BONIATO

Con esta receta podrás preparar en el horno unas exquisitas y crujientes patatas fritas de boniato. Son una opción muy sana para cuando tienes antojo de patatas fritas, y el hecho de que se preparen en el horno hace que resulten aún más saludables.

PARA 4 RACIONES

2 boniatos, pelados y cortados en rodajas de 5 mm

$\frac{1}{2}$ cucharadita de pimentón

$\frac{1}{2}$ cucharadita de pimienta cayena

$\frac{1}{2}$ cucharadita de orégano seco

1 cucharadita de sal marina

$\frac{1}{2}$ cucharadita de pimienta negra recién molida

4 dientes de ajo, majados (opcional)

2 ramitas de tomillo (opcional)

3 cucharadas de aceite de oliva virgen extra

Precalienta el horno a 180 °C y forra un par de bandejas de horno con papel de horno.

Coloca el boniato, las especias, el aderezo –incluidos el ajo y el tomillo, si los usas– y el aceite en un cuenco grande, y remueve muy bien para asegurarte de que todas las patatas quedan rebozadas.

Dispón los boniatos en la bandeja de horno; asegúrate de que están colocados en una sola capa y de que no hay ninguno encima de otro.

Hornéalas durante 30 min; transcurrida la mitad del tiempo, dales la vuelta para que se hagan bien por los dos lados.

Sírvelas de inmediato. (Quedan de maravilla con la Salsa barbacoa de la p. 24.)

ENSALADA ARCOÍRIS

Esta colorida ensalada es un increíble acompañamiento para muchas comidas, como los Wraps estilo Kentucky con fruta jaca (p. 105) y la Hamburguesa vegana cuarto de libra (p. 111).

PARA 3-4 RACIONES

100 g de col lombarda, cortada en tiras muy finas

3 zanahorias, peladas y ralladas

1 cebolla roja, cortada en rodajas muy finas

Un puñado de cilantro, picado muy fino

6 cucharadas de «Mayonesa» (p. 24)

Una pizca de sal marina y de pimienta

Pon todos los ingredientes en un cuenco grande y mézclalos bien. Comprueba la sazón y sirve.

ENSALADA VERDE CON LIMÓN

Un acompañamiento excelente y nutritivo para cualquier comida. Asegúrate de que hierves las verduras muy poco tiempo; sería una verdadera pena que se pasaran. Puedes probar esta misma receta con espárragos o tirabeques.

PARA 3-4 RACIONES

200 g de bimi, sin tallo

200 g de col negra toscana, sin tallo y cortada en tiras

100 g de col silvestre, cortada en tiras

La raspadura y el zumo de $\frac{1}{2}$ limón

Una pizca de sal marina y de pimienta

Llena una olla grande con agua hasta tres cuartos de su capacidad y ponla a hervir. Añade una pizca de sal marina. Introduce el bimi y cuécelo durante 60 s con la tapa puesta. Luego incorpora la col negra toscana y la col silvestre, y cuece todo durante otros 30 s con la tapa puesta.

Extrae todas las verduras del agua, escúrrelas y ponlas en un cuenco. Añade el zumo y la raspadura del limón y salpimienta. Mezcla todo bien y sirve de inmediato.

ACOMPAÑAMIENTOS

SALSA DE «CARNE»

Esta salsa de carne, toda una explosión de sabores, es la más intensa que he probado. Queda muy bien con el «Solomillo» Wellington (p. 138) y el Asado vegano por excelencia (p. 141).

PARA 4-5 RACIONES

2 zanahorias, peladas

2 cebollas rojas, peladas

250 g de champiñones blancos

2 dientes de ajo

1 puerro, lavado

2 ramas de apio, lavadas

1 cucharada de aceite de oliva

Una pizca de sal marina
y de pimienta

2 cucharadas de harina normal para
todo uso (o harina sin gluten)

120 ml de vino tinto

1 cucharada de salsa de soja

1 cucharada de pasta Marmite

1 cucharada de vinagre balsámico

2 ramitas de tomillo fresco

2 ramitas de salvia fresca

1 ramita de romero fresco

720 ml de Caldo de verduras (p. 31)

Corta en trozos grandes las zanahorias, las cebollas, los champiñones, el ajo, el puerro y el apio.

Pon una cacerola grande a fuego medio y añade el aceite de oliva. Cuando esté caliente, incorpora las cebollas y los champiñones y saltéalos durante 2 min, hasta que hayan disminuido de tamaño. Agrega el resto de verduras y una pizca de condimento y saltéalo todo durante 3 min más, removiendo con frecuencia.

Deja que las verduras se doren y caramelicen, pero asegúrate de que no se quemen. Incorpora la harina y cuece durante 1 min más.

Vierte el vino tinto para desglasar el recipiente, y luego reduce el fuego. A continuación añade la salsa de soja, la pasta Marmite y el vinagre balsámico.

Mezcla todo bien e incorpora las hierbas. Deja que los sabores se potencien durante 2 min antes de añadir el caldo de verduras.

Ha llegado el momento de que la salsa de carne cueza a fuego lento durante 15 min.

Pasado este tiempo, la salsa debería haber espesado mucho. A través de un colador fino, pasa la salsa a una cacerola más pequeña. Con ayuda del dorso del cucharón, exprime las verduras todo lo que puedas.

Sirve la salsa de inmediato, o si todavía no ha espesado lo suficiente, deja que se reduzca durante unos pocos minutos más.

Si te sobra salsa, la puedes dejar enfriar y congelarla para usarla en otra ocasión.

PAPILLOTE DE VERDURAS A LA MARROQUÍ

Me encanta cocinar a la papillote, ya que retiene todo el aroma. Las verduras se hacen casi al vapor dentro de la bolsa y se forma una salsa muy rica. Ras el hanout, una combinación de diferentes especias molidas, es mi mezcla favorita. Traducido del árabe significa «la cabeza de la tienda», es decir, lo mejorcito que se puede ofrecer.

PARA 4 RACIONES

1 calabaza violín pequeña (con piel)

2 cebollas rojas

1 pimiento rojo (morrón)

2 calabacines

1 berenjena

200 g de tomates cherry

8 dientes de ajo

4 ramitas de tomillo fresco

2 ramitas de romero fresco

2 cucharadas de ras el hanout

Una pizca de sal marina y de pimienta

3 cucharadas de aceite de oliva virgen extra (opcional)

Precalienta el horno a 180 °C. Prepara 4 hojas grandes de papel de aluminio y papel de horno.

Corta la calabaza en dos, quítale las semillas y corta la pulpa en trozos de unos 2 cm. Ponlos en un cuenco grande.

Pela y corta las cebollas en 8 trozos. Corta los pimientos, los calabacines y la berenjena en dados de tamaño parecido, e incorpóralos al cuenco.

Quita cualquier tallo que puedan tener los tomates cherry. Añádelos al cuenco con el ajo (que ni siquiera tienes que pelar), el tomillo y el romero.

Espolvorea por encima el ras el hanout, la sal y la pimienta, y mezcla todo bien con las manos.

Divídelo en cuatro porciones y asegúrate de que en cada una de ellas haya una buena ración de cada tipo de verdura. Pon cada porción en el centro del trozo de papel de horno y rocíala con un poco de aceite (si lo usas). Agarra las esquinas del papel y retuércelas para que las verduras no se salgan. Coloca el conjunto sobre el papel de aluminio y envuélvelo bien. Repite el proceso con el resto de verduras hasta que tengas las 4 porciones.

Colócalas en una bandeja y hornéalas durante 35 min.

PATATAS GRATINADAS

Este plato era uno de mis preferidos antes de hacerme vegano, pero esta versión sabe incluso mejor que la original. ¡Es la magia de la leche de coco! También se hace en menos tiempo y la mostaza le da un toque umami.

PARA 5 RACIONES

6 patatas, peladas

5 chalotas

1 lata de 400 ml de leche de coco

250 ml de leche de soja

4 dientes de ajo, majados

3 ramitas de tomillo fresco

1 hoja de laurel

3 cucharadas de mostaza en grano

2 cucharadas de levadura nutricional

Una pizca de sal marina y de pimienta

Precalienta el horno a 190 °C.

Corta las patatas en rodajas muy finas con ayuda de una mandolina o robot de cocina, en la posición más fina. Corta las chalotas también muy finas con ayuda de un cuchillo afilado.

Pon las leches de coco y de soja en una gran cacerola e incorpora el ajo, el tomillo, el laurel, la mostaza, la levadura, la sal y la pimienta.

Calienta hasta que hierva; a continuación añade las patatas y las chalotas en rodajas y remueve con cuidado. Retira del fuego y pásalo todo con cuidado a una bandeja apta para el horno de 1,5 l de capacidad (a veces empleo una cuadrada de 20 cm). Separa bien las patatas para que cubran todo el recipiente y esté todo igualado. Cubre con una hoja de papel de horno.

Hornéalo durante 20 min; transcurrido ese tiempo, retira el papel de horno y déjalo que se cocine otros 20 min más.

PATATAS FRITAS DE POLENTA CON HIERBAS Y LIMÓN

La polenta es una fuente increíble de calcio, magnesio y fibra. Y estas patatas fritas alegran su sabor, bastante insípido de por sí. Son un acompañamiento fantástico para la Hamburguesa vegana cuarto de libra (p. 111).

PARA 3-4 RACIONES

400 ml de Caldo de verduras (p. 31)

150 g de polenta instantánea fina

Una pizca de sal marina y de pimienta

2 cucharadas de hierbas provenzales

La raspadura de 1 limón

2 cucharadas de aceite de oliva virgen extra

Forra con papel de horno una bandeja de horno de 3 cm de profundidad y 20 cm de lado; deja que sobresalga papel por los lados.

Pon el caldo de verduras en una cacerola mediana y llévalo a ebullición. Con ayuda de un batidor de varillas, bate mientras incorporas la polenta, y continúa haciéndolo durante 2 min más, hasta que la mezcla empiece a espesar. Cuando esté espesa, retira la cacerola del fuego y salpimienta, añade las hierbas y la raspadura de limón; remueve bien.

Vierte la mezcla en la bandeja de horno y aplánala con una espátula. Guárdala en la nevera unas 2 h.

Precalienta el horno a 180 °C y retira la polenta de la nevera. Usando el papel que sobresale por los lados como si fueran asas, levanta el bloque firme de polenta. Luego corta la polenta en forma de patatas fritas gruesas, pincélalas con aceite de oliva y distribúyelas por una bandeja de horno. Hornéalas durante 20-25 min o hasta que estén doradas. Rectifica la sazón y sirve de inmediato.

PAN CELESTIAL

Pan de hamburguesa
al estilo pretzel

Bollos para perritos
calientes

Focaccia de tomate en rama,
albahaca y romero

Pan plano tostado

Masa básica para pizza
y salsa

Pan no-te-vas-a-creer-
que-no-tiene-gluten

PAN DE HAMBURGUESA AL ESTILO PRETZEL

Ligero y blando en el interior y con esa rica y crujiente corteza exterior, este pan de hamburguesa estilo pretzel combina a la perfección con cualquier hamburguesa.

PARA 6 PANES GRANDES

8 g de levadura seca de panadería

240 ml de agua tibia, y un poco más

500 g de harina blanca de fuerza

Una pizca de sal marina

50 g de «mantequilla» vegana, fundida

2 cucharadas de azúcar moreno

Para el glaseado:

1 cucharada de leche de almendras

1 cucharada de aceite de oliva virgen extra

2 cucharaditas de néctar de agave

1 cucharadita de sal en escamas

Forra 2 bandejas de horno con papel de horno.

Para comenzar, haz la masa. ¡No podría ser más sencillo! Introduce la levadura y el agua tibia en una jarrita. Déjalo reposar durante unos 10 min, hasta que burbujee un poco.

Mientras tanto, tamiza la harina y la sal en un cuenco grande. Añade la mantequilla fundida al agua y la levadura. Haz un hueco en la harina y vierte en él la mezcla de levadura y mantequilla, e incorpora el azúcar.

Remueve hasta que la masa empiece a unirse; entonces, ataca con las manos (acabarán sucias, pero merece la pena).

Cuando todos los ingredientes se hayan integrado, pon la masa en una superficie de trabajo ligeramente enharinada. Ha llegado el momento de amasar, así que remángate y a por ello. Trabaja a fondo la masa durante unos 10 min; transcurrido este tiempo, la masa debería ser lisa y bastante elástica.

Vierte un poco de aceite en el cuenco y vuelve a poner en él la masa. El aceite evitará que se pegue a las paredes. Coloca un paño de cocina limpio y húmedo sobre el cuenco y déjalo en un lugar cálido durante 1 h, o hasta que la masa haya doblado su tamaño.

Después de 1 h, saca la masa del cuenco: debería ser ligera y tener un buen aspecto (me encanta esta parte...). Vuelve a amasarla bien, durante unos 4 min más, para extraer el aire.

Divide la masa en unas 6 porciones de igual tamaño y haz una bola con cada una de ellas. Colócalas en las bandejas de horno forradas, dejando un espacio de al menos 3 cm entre cada una.

Cubre las bandejas con paños de cocina húmedos y colócalas en un lugar cálido durante 1 h, o hasta que la masa haya doblado su tamaño.

Precalienta el horno a 200 °C y pon una bandeja para asar vacía en el nivel inferior o en la base del horno.

Mezcla los ingredientes del glaseado (excepto la sal) en un cuenco pequeño.

Retira los paños de cocina que cubren los bollos, pincélalos con el glaseado y espolvorea un poco de sal en escamas por encima de cada uno de ellos. También puedes hacer un par de marcas en la parte superior, si lo deseas.

Vierte 250 ml de agua en la bandeja vacía que hay dentro del horno, para que haya un poco de vapor mientras se hace el pan (esto hará que los bollos sean más ligeros y blandos).

Cuece el pan durante 20 min, o hasta que esté dorado. Cuando esté hecho, retíralo del horno y ponlo en una rejilla para que enfríe.

Puedes guardar los bollos en una bolsa de plástico con cierre.

BOLLOS PARA PERRITOS CALIENTES

El sabor a levadura y las burbujas de la cerveza hacen que estos bollos sepan a las mil maravillas. Quedan fantásticos con los Perritos calientes de la p. 108.

PARA 6 BOLLOS GRANDES

120 ml de Leche de almendras (p. 12)

120 ml de cerveza vegana

8 g de levadura seca de panadería

50 g de «mantequilla» vegana, fundida

500 g de harina blanca de fuerza

Una pizca de sal marina

2 cucharadas de azúcar moreno

Para el glaseado:

2 cucharadas de leche de almendras

2 cucharadas de aceite de oliva virgen extra

1 cucharadita de néctar de agave

1 cucharada de sal en escamas

1 cucharadita de semillas de amapola

Forra 2 bandejas de horno con papel de horno.

Mezcla la leche y la cerveza en una cacerola pequeña, y calienta hasta que esté tibia. Retira del fuego e incorpora la levadura mientras bates con un batidor de varillas. Déjalo reposar durante 10 min, hasta que burbujee un poco, y luego añade la mantequilla fundida.

Mientras tanto, tamiza la harina y la sal en un cuenco grande. Cuando la mezcla de leche y levadura esté lista, haz un hueco en la harina y viértela en él junto con el azúcar; remueve para combinar los ingredientes.

Cuando todos los ingredientes se hayan integrado, pon la masa en una superficie de trabajo ligeramente enharinada. Ha llegado el momento de amasar.

Amasa bien durante unos 10 min; transcurrido este tiempo la masa debería ser lisa y bastante elástica, y tener un agradable olor a levadura. Vierte un poco de aceite en el cuenco y vuelve a colocar en él la masa. El aceite evitará que se pegue a las paredes. Pon un paño de cocina limpio y húmedo sobre el cuenco y déjalo en un lugar cálido durante 1 h, o hasta que la masa haya doblado su tamaño.

Después de 1 h, saca la masa del cuenco (debería ser ligera y tener un buen aspecto). Vuelve a amasarla bien durante unos 4 min más.

Divide la masa en unas 6 porciones de igual tamaño y dales forma de salchicha o minibaguette. Colócalas en las bandejas de horno forradas, dejando un espacio de al menos 3 cm entre cada una de ellas. Cubre las bandejas con paños de cocina húmedos y colócalas en un lugar cálido durante 1 h, o hasta que la masa haya doblado su tamaño.

Precalienta el horno a 200 °C y pon una bandeja para asar vacía en el nivel inferior.

En un cuenco pequeño mezcla los ingredientes del glaseado, excepto la sal y las semillas de amapola.

Retira los paños de cocina que cubren los bollos, haz un par de marcas en cada uno de ellos con un cuchillo afilado, pincélalos con el glaseado y espolvoréalos con un poco de sal en escamas y semillas de amapola por encima.

Vierte 250 ml de agua en la bandeja vacía que hay dentro del horno, para que haya un poco de vapor mientras se hace el pan (esto hará que los bollos sean más ligeros y blandos). Cuece el pan durante 20-25 min, o hasta que esté dorado. Cuando esté hecho, retíralo del horno y ponlo en una rejilla para que se enfríe.

Puedes guardar los bollos en una bolsa de plástico con cierre.

FOCACCIA DE TOMATE EN RAMA, ALBAHACA Y ROMERO

La focaccia es uno de los panes más fáciles de preparar y, para mí, uno de los más ricos. Esta es una versión sencilla de la receta tradicional, así que todo cocinero puede hacerla. También le he añadido harina integral. Asegúrate de insertar bien los tomates y las hierbas en la masa, para que el sabor lo inunde todo.

PARA UNAS 5 RACIONES

2 cucharaditas de levadura seca de panadería

2 cucharadas de aceite de oliva virgen extra

280 ml de agua tibia

290 g de harina blanca de fuerza

290 g de harina integral

Una pizca de sal marina

Sugerencias para añadir por encima:

3 racimos de tomates cherry en rama (unos 50)

Un puñado de hojas de albahaca fresca

2 ramitas de romero fresco

$\frac{1}{2}$ cucharadita de sal marina en escamas

1 cucharadita de guindilla ahumada en copos (opcional)

2-3 cucharadas de aceite de oliva, ahumado si puedes encontrarlo

Forra una fuente o bandeja de horno grande con papel de horno.

Mezcla la levadura y el aceite de oliva con agua tibia y déjalo reposar durante unos 10 min, hasta que burbujee un poco.

Mientras tanto, pon las harinas y la sal en un cuenco grande. Haz un hueco en el centro e incorpora la mezcla de agua y levadura; remueve hasta que la masa se haya integrado.

Pon la masa en una superficie de trabajo ligeramente enharinada y amásala durante unos 10 min; transcurrido este tiempo, la masa debería ser lisa y bastante elástica.

Vierte un poco de aceite en el cuenco y vuelve a colocar en él la masa. El aceite evitará que se pegue a las paredes. Pon un paño de cocina limpio y húmedo sobre el cuenco y déjalo en un lugar cálido durante 1 h, o hasta que la masa haya doblado su tamaño.

Después de 1 h, saca la masa del cuenco y vuelve a amasarla bien durante unos 5 min más.

Dispón la masa en la fuente o bandeja de horno forrada y dale la forma que desees. A mí me gusta la forma tradicional. Asegúrate de que tiene un espesor de unos 1,5 cm. Cúbrela con un paño de cocina húmedo por encima y déjala reposar otros 30 min para que la masa aumente de tamaño.

Precalienta el horno a 200 °C.

Cuando la focaccia haya leudado por segunda vez, inserta bien los tomates, la albahaca y el romero en la masa, para que cuando se cueza el sabor inunde todo el pan. Espolvorea por encima la sal y la guindilla (si la usas), y añade un buen chorrito de aceite de oliva.

Hornea durante 35 min y sirve de inmediato.

PAN PLANO TOSTADO

Estos panes planos son una delicia y solo se tarda 30 min en prepararlos. Asegúrate de que la parrilla está ardiendo antes de ponerlos, pues así se tostará bien el pan. Puedes servirlos como wraps, o también con Falafel peri-peri (p. 88), un tajín y muchas otras cosas más.

PARA 8 PANES

300 g de harina con levadura

2 pizcas de sal marina

1 cucharadita de levadura química en polvo

1 cucharadita de pimentón

300 g de yogur de coco

2 cucharadas de aceite de oliva picante

Un puñado de perejil fresco, picado (opcional)

Mezcla la harina, una pizca de sal, la levadura y el pimentón en un cuenco grande. Incorpora el yogur de coco y remueve con una espátula.

Cuando hayas formado una bola con la masa, colócala sobre una superficie de trabajo ligeramente enharinada y amasa durante 8 min.

Vuelve a colocar la masa en el cuenco, cúbrelo con un paño de cocina húmedo y déjalo reposar durante 10 min.

Cuando haya reposado, corta la masa en 8 porciones. Con ayuda de un rodillo o con las manos, extiende la masa y dale forma de círculo de aproximadamente 1 cm de grosor.

Precalienta una parrilla a fuego alto. Enciende la campana extractora y abre las ventanas; ¡la parrilla tiene que calentarse al máximo! Echa una pequeña cantidad de aceite y tuesta cada pan plano, de uno en uno, durante 2 min por cada lado. Deberían hincharse mientras se cocinan. Repite hasta que hayas tostado todos los panes; baña la parrilla con un poco de aceite para que no se peguen. Espolvorea los panes con perejil fresco y una pizca de sal antes de servir.

MASA BÁSICA PARA PIZZA Y SALSA

Tanto si haces la pizza en un horno de leña como en un horno convencional, con esta receta tendrás la masa perfecta. Y la salsa de tomate no le anda a la zaga.

PARA 6 PIZZAS

Para la masa de pizza:

300 ml de agua tibia

2 cucharaditas de levadura seca de panadería

500 g de harina 00 (o harina blanca de fuerza), y un poco más para espolvorear

Una pizca de sal

3 cucharadas de aceite de oliva virgen extra

Para la salsa de tomate:

1 cucharada de aceite de oliva virgen extra

1 cebolla, cortada

1 diente de ajo, majado

1 lata de 400 g de tomates troceados

1 cucharada de puré de tomate

Un puñado de orégano fresco

Una pizca de sal marina y de pimienta

Para preparar la masa de pizza, mezcla el agua tibia con la levadura y resérvalo durante 5 min para que se active la levadura.

En un cuenco grande, tamiza la harina y la sal. Haz un hueco en la harina, añade el aceite de oliva a la mezcla de levadura y viértela en el hueco de la harina. Remueve con las manos hasta que comience a integrarse; al principio resultará bastante húmeda.

Espolvorea con harina una superficie de trabajo limpia y pon en ella la masa. Trabájala bien durante unos 10 min y añade más harina si lo necesitas.

La masa debería ser lisa y tener un buen aspecto. Divide la masa en unas 6 porciones de igual tamaño y forma bolas. Colócalas en una bandeja de horno pincelada con un poco de aceite y cubre la bandeja con un trapo de cocina húmedo; déjalo reposar durante al menos 1 h o hasta que la masa haya doblado su tamaño.

Mientras tanto, prepara la salsa de tomate. Calienta el aceite de oliva en una cacerola y saltea la cebolla y el ajo hasta que estén dorados. Incorpora los tomates y el puré de tomate y remueve bien. Deja que cueza a fuego lento durante 5 min, antes de condimentar con el orégano, la sal y la pimienta.

Bate un poco la salsa con una licuadora de mano. Cubre las pizzas con la salsa, que también puedes guardar en la nevera hasta que la necesites o incluso congelarla.

Precalienta el horno a 200 °C.

Cuando la masa haya crecido, extiende las pizzas con un grosor de 3 mm, ponlas sobre una hoja de papel de horno, cúbrelas con la salsa de tomate y cualquier otro ingrediente que prefieras.

Hornéalas durante 12 min, hasta que los bordes estén dorados.

PAN NO-TE-VAS-A-CREER-QUE-NO-TIENE-GLUTEN

Cuesta creer que este pan no tenga gluten. Su sabor a frutos secos es delicioso y su textura, sorprendentemente ligera.

PARA 1 HOGAZA

180 ml de agua tibia

120 ml de Leche de almendras tibia (p. 12)

2 cucharaditas de levadura seca de panadería

3 cucharadas de aceite de oliva virgen extra

90 g de harina de trigo sarraceno

135 g de harina de arroz

135 g de harina de avena (o copos de avena)

55 g de almidón de tapioca

1 cucharadita de levadura química en polvo

½ cucharadita de bicarbonato de soda

1 cucharada de azúcar moreno

1 cucharadita de sal marina

2 cucharadas de Sucedáneo de huevo (p. 32)

Forra un molde de pan de 450 g con papel de horno.

Mezcla el agua y la leche tibias con la levadura y el aceite de oliva en una jarra. Déjalo reposar durante 5 min, hasta que burbujee un poco.

Mientras tanto, tamiza todas las harinas junto con el almidón, la levadura, el bicarbonato, el azúcar y la sal en un cuenco grande y mezcla todo bien. Yo tamizo todo al menos 3 veces.

Haz un hueco en el medio de la mezcla de harinas y vierte en él el agua y la levadura, además del sucedáneo de huevo. Remueve hasta que todo comience a integrarse.

Cuando tengas una bola de masa, ponla en una superficie de trabajo ligeramente enharinada. Ha llegado el momento de amasar. Trabaja la masa durante unos 5 min; añade un poco de harina de arroz a la superficie si notas que la masa está aún pegajosa. Pon la masa en el molde forrado y presiónala en las esquinas.

Tapa con un paño de cocina limpio y húmedo y déjalo en un lugar cálido durante 1 h, o hasta que la masa haya doblado su tamaño.

Precalienta el horno a 180 °C.

Cuando la masa haya doblado su tamaño y el horno esté caliente, introduce el molde en el horno en la altura intermedia y hornéalo durante 1 h. Cuando esté lista, debería tener una corteza dorada y sonar hueca si se golpea.

Deja que se enfríe un poco y luego extrae el pan del molde y ponlo sobre una rejilla para que se enfríe por completo antes de cortarlo.

DULCES PROMESAS

Helado de menta, pepitas de chocolate y té matcha

Helado de mango y vainilla

Pastel de «merengue» de limón

Coulants de chocolate

Donuts disfrazados

Barritas de caramelo salado con chocolate y almendra

Pastel de mousse de frutas del bosque y chocolate blanco

Pastel de zanahoria, manzana y naranja con glaseado de anacardos y naranja

Trufas de chocolate

Tarta de «queso», coco y vainilla al estilo neoyorquino con ruibarbo

Tarta de chocolate, mantequilla de cacahuete y frambuesa

Tortas galesas con fresas y «nata»

HELADO DE MENTA, PEPITAS DE CHOCOLATE Y TÉ MATCHA

La combinación de menta y pepitas de chocolate siempre ha sido uno de mis helados favoritos. En esta receta he incluido un poco de té matcha por lo bueno que es para la salud, por su intenso color y por el sabor que le aporta.

PARA 6 RACIONES

1 lata de 400 ml de leche de coco

1 vaina de vainilla

Un puñado de hojas de menta fresca

140 g de azúcar extrafino (superfino)

2 cucharaditas de matcha en polvo

½ cucharadita de goma xantana

300 ml de Leche de anacardos (p. 12)

140 g de chocolate negro vegano, cortado en trocitos

Calienta la leche de coco en una cacerola. Rompe la vaina de vainilla por la mitad con el dorso de un cuchillo y extrae las semillas de ambos lados. Añade las semillas y la vaina a la cacerola, seguidos por las hojas de menta y el azúcar. Remueve durante 15 min hasta que los sabores se hayan impregnado. Luego viértelo todo en un cuenco y déjalo enfriar.

En otro cuenco vierte el matcha, la goma xantana y la leche de anacardos.

Una vez que la mezcla de leche de coco y menta se haya enfriado, incorpórala al cuenco con el matcha y la leche de anacardos, mientras mezclas con un batidor de varillas.

Cúbrelo con papel film y déjalo enfriar por completo en la nevera antes de introducirlo en la heladora.

Antes de que empiece a asentarse, esparce el chocolate. Remueve la mezcla en la heladora (siguiendo las instrucciones de la máquina) hasta que esté congelada y luego transfiérela a un recipiente adecuado para el congelador; guárdala en el congelador.

Si no dispones de heladora, coloca la mezcla en un recipiente adecuado para el congelador y guárdalo en el congelador. Cada hora, remueve con una espátula; repítelo unas 5-6 veces e incorpora el chocolate antes de que se asiente.

Sirve en boles o en cucuruchos. Guárdalo en el congelador a -18 °C.

HELADO DE MANGO Y VAINILLA

**Este es un helado muy sano,
endulzado tan solo con azúcar natural.**

PARA 6 RACIONES

225 g de anacardos, puestos a remojo en agua durante al menos 1 h

320 ml de leche de coco

3 cucharadas de jarabe de arce

1 cucharadita de pasta de vainilla

190 g de mango en trozos

Escurre los anacardos e introdúcelos junto con el resto de ingredientes en la batidora. Tritura hasta que la mezcla sea homogénea. Si no consigues que se deshagan todos los grumos, tal vez necesites añadir un poco más de leche de coco.

Cuando sea uniforme, vierte la mezcla en una heladora, remueve hasta que esté congelada (siguiendo las instrucciones de la máquina) y luego transfiérela a un recipiente adecuado para el congelador; guárdala en el congelador.

Si no dispones de heladora, coloca la mezcla en un recipiente adecuado para el congelador y guárdalo en el congelador. Cada hora, remueve con una espátula; repítelo unas 5-6 veces.

Sirve en boles o en cucuruchos. Guárdalo en el congelador a -18 °C.

Helado de menta, pepitas de chocolate y té matcha

Pastel de «merengue» de limón

PASTEL DE «MERENGUE» DE LIMÓN

Ligero, cremoso y, por supuesto, con sabor a limón. Tras muchos intentos, me puse loco de contento cuando por fin di con la versión vegana de este clásico postre. La cúrcuma, que es opcional, le aporta al relleno un color amarillo más intenso sin alterar por ello el sabor.

PARA 8-10 RACIONES

1 ración de Masa sablé (p. 29)

1 lata de 400 ml de leche de coco

2 cucharadas de raspadura de limón, y un poco más

El zumo de 2 limones

280 ml de Leche de almendras (p. 12)

4 cucharadas colmadas de harina de maíz (almidón de maíz)

5 cucharadas de azúcar extrafino (superfino) sin refinar

½ cucharadita de cúrcuma en polvo (opcional)

235 ml de agua de garbanzos, aquafaba (el agua de escurrir una lata de garbanzos)

60 g de azúcar glas

1 cucharadita de extracto de vainilla

¼ cucharadita de goma xantana

Primero, prepara la masa sablé según la receta de la p. 29.

Precalienta el horno a 180 °C y engrasa un molde de tarta con fondo desmontable de 23 cm.

Saca la masa de la nevera y extiéndela sobre papel de horno. Después quítala del papel y colócala en el molde. Recorta cualquier exceso de pasta que sobresalga.

Cubre con un trozo de papel de horno y dispón pesos o legumbres (por ejemplo, alubias) sobre este; a continuación, hornea la masa sin ningún relleno durante 6 min.

Retira la masa del horno, quita con cuidado los pesos y el papel y vuelve a introducir el molde en el horno durante 6 min más, hasta que esté dorada.

Cuando la masa esté hecha, deja que se enfríe en el molde durante 5 min antes de extraerla con cuidado y colocarla sobre una rejilla para que termine de enfriarse.

Ahora prepara la crema de limón. Calienta en una cacerola mediana a fuego lento la leche de coco con la raspadura y el zumo de limón.

En un bol, mezcla la leche de almendras, la harina de maíz y el azúcar mientras remueves con un batidor de varillas hasta obtener una mezcla uniforme.

Cuando la leche de coco esté caliente, incorpora la mezcla de leche de almendras y azúcar y sigue removiendo con las varillas hasta que empiece a espesar. Añade la cúrcuma si quieres que tenga un color amarillo intenso. Sigue batiendo con las varillas hasta que la crema sea muy espesa.

Con cuidado, vierte la crema de limón sobre la masa sablé y extiéndela con una espátula.

Coloca papel film sobre el relleno de limón; asegúrate de que no quedan bolsas de aire. Es muy importante que el plástico esté en contacto directo con la crema, pues evita que se forme una corteza que se rompería y echaría a perder la presentación.

Deja que la tarta se enfríe en la nevera durante al menos 3 h, hasta que esté totalmente fría.

Antes de servirla, prepara el merengue.

Con una batidora eléctrica, bate el agua de los garbanzos, el azúcar glas, el extracto de vainilla y la goma xantana en un cuenco limpio hasta que esté a punto de nieve.

Dispón el merengue sobre la tarta. A mí me gusta tostarlo un poco con un soplete, pero es algo opcional.

Espolvorea por encima la raspadura de limón y sirve.

COULANTS DE CHOCOLATE

El mejor postre vegano que pueda existir: manjar de dioses. Puedes hacer una versión sin gluten de este coulant si sustituyes la harina por otra con levadura y sin gluten.

PARA 8 COULANTS

Ingredientes húmedos:

240 ml de Leche de anacardos (p. 12)

2 cucharaditas de vinagre de sidra de manzana

2 cucharaditas de extracto de vainilla

4 cucharadas de Sucedáneo de huevo (p. 32)

115 g de «mantequilla» vegana

Ingredientes secos:

240 g de harina normal para todo uso

3 cucharadas de cacao en polvo

200 g de azúcar extrafino (granulado)

3 cucharaditas de levadura química en polvo

$\frac{1}{4}$ cucharadita de sal

$\frac{1}{4}$ cucharadita de canela molida

Para el relleno de «ganache»:

300 g de chocolate negro ecológico y vegano, cortado en trozos

240 ml de Leche de anacardos (p. 12)

$\frac{1}{4}$ cucharadita de sal del Himalaya

Para servir:

Cerezas

Un poco de cacao en polvo

Primero prepara el relleno de ganache de chocolate. Pon el chocolate en un cuenco. Calienta la leche con la sal hasta que hierva y luego viértela sobre el chocolate y mezcla hasta que esté liso y cremoso. Introduce el cuenco en el congelador para que enfríe rápido.

Precalienta el horno a 180 °C y engrasa 8 moldes individuales para flan.

Calienta todos los ingredientes húmedos en una pequeña cacerola a fuego bajo, removiendo hasta que todo se haya fundido e integrado.

Mezcla los ingredientes secos en un cuenco, luego vierte sobre ellos los ingredientes húmedos calientes y remueve hasta que esté todo integrado.

Rellena cada molde hasta la mitad con la mezcla; luego coloca una cucharada del ganache de chocolate helado en el medio de cada uno. Rellena los moldes con el resto de la mezcla de coulant y golpea ligeramente cada uno sobre la superficie de trabajo para que se nivele.

Coloca los moldes en una bandeja de horno y hornéalos durante 12 min. Deja que se enfríen un poco antes de desmoldar los coulants.

Sírvelos con cerezas y espolvorea por encima con cacao en polvo.

DONUTS DISFRAZADOS

Sin duda, de vez en cuando hay que darse un capricho. He incluido dos de mis coberturas favoritas, pero atrévete a probar y hacer tu propia receta. Para esta receta necesitarás un par de bandejas para donuts con 6 orificios.

PARA 12 DONUTS

Ingredientes húmedos:

240 ml de leche de soja

110 g de «mantequilla» vegana

4 cucharadas de Sucedáneo de huevo (p. 32)

2 cucharaditas de extracto de vainilla

Ingredientes secos:

240 g de harina normal para todo uso

200 g de azúcar extrafino (granulado) sin refinar

2 ½ cucharaditas de levadura química en polvo

¼ cucharadita de sal marina fina

¼ cucharadita de canela en polvo

¼ cucharadita de nuez moscada en polvo

Precalienta el horno a 180 °C. Engrasa las 2 bandejas de donuts con un poco de aceite vegetal.

Calienta todos los ingredientes húmedos en una cacerola pequeña a fuego bajo hasta que todo se haya fundido e integrado. Retira del fuego.

Mezcla todos los ingredientes secos en un cuenco grande. Haz un hueco en el centro y vierte en él la mezcla húmeda. Mezcla bien hasta que tengas una masa espesa.

Con un cucharón, pon masa en cada anillo del molde. Cuanto mejor lo hagas, mejor quedarán los donuts, así que limpia cualquier gota que pueda quedar.

Coloca las bandejas en el horno a media altura y hornéalas durante 14 min o hasta que estén algo dorados.

Retira los donuts del horno y deja que se enfríen durante 5 min antes de desmoldarlos. Báñalos con una de las dos recetas que se ofrecen a continuación, o espolvoréalos con azúcar de coco.

DISFRAZ DE CHOCOLATE, CARAMELO Y FRESA

PARA 6 DONUTS

4 cucharadas de melaza clara

200 g de azúcar extrafino (granulado) sin refinar

3 cucharaditas de bicarbonato de soda

120 ml de Leche de almendras (p. 12)

175 g de chocolate negro vegano, cortado en trozos

3 fresas, cortadas a la mitad

Engrasa y forra un molde pequeño con papel de horno.

Funde la melaza y el azúcar en una cacerola grande a fuego bajo hasta adquiera un color ámbar. Ten mucho cuidado a la hora de preparar el caramelo, ya que el azúcar fundido está muy caliente. Cuando el caramelo esté listo, apaga el fuego e incorpora el bicarbonato; remueve lo más rápido que puedas, hasta que el bicarbonato se disuelva y comience a hacer espuma.

Rápidamente y con mucho cuidado, dispón la mezcla en el molde forrado y déjalo reposar hasta que se endurezca. Debería tardar 1 h. Para servir, rómpelo en trozos.

Para la cobertura de chocolate, calienta la leche en una cacerola pequeña hasta que hierva. Pon el chocolate en un cuenco y vierte sobre él la leche caliente. Deja reposar durante 2 min y luego remueve hasta que esté espeso y cremoso.

Introduce los donuts en la salsa de chocolate y dispón por encima el caramelo y la mitad de una fresa.

DISFRAZ DE PISTACHO, MENTA Y CEREZAS

PARA 6 DONUTS

125 g de azúcar glas sin refinar

2 cucharadas de Leche de almendras (p. 12)

$1/4$ cucharadita de extracto de menta

$1/4$ cucharadita de colorante alimenticio natural verde

Un puñado de pistachos, cortados

6 cerezas

Mezcla el azúcar glas, la leche, el extracto de menta y el colorante alimenticio en un cuenco. Baña la parte superior de los donuts en la salsa y espolvoréalos por encima con los pistachos. Coloca una cereza en el medio.

BARRITAS DE CARAMELO SALADO CON CHOCOLATE Y ALMENDRA

Estas barritas de caramelo salado son 100 % crudas (salvo los pretzels) y tan solo contienen azúcares naturales. Y aun así, son todo un manjar. Los dátiles son un alimento lleno de energía y tienen mucha fibra, calcio y hierro, entre otras muchas cosas.

PARA 12-14 BARRITAS

Para la capa de «galleta» de almendras:

70 g de nueces de macadamia

40 g de copos de coco

3 cucharadas de néctar de agave

3 cucharadas de aceite de coco

1 cucharada de Mantequilla de cacahuete y almendras (p. 33)

Una pizca de sal del Himalaya

170 g de almendras molidas

Para la capa de caramelo salado:

340 g de dátiles Medjoul sin hueso

2 cucharadas de aceite de coco

240 ml de Leche de almendras (p. 12)

120 ml de agua filtrada

1 cucharadita de pasta de vainilla

¼ cucharadita de sal del Himalaya

Para la cobertura de «chocolate»:

5 cucharadas de aceite de coco, fundido

4 cucharadas de cacao en polvo ecológico

2 cucharadas de néctar de agave

Para añadir por encima:

Pretzels sin gluten, o almendras fileteadas (si quieres que la receta sea 100 % cruda)

Forra con papel de horno un molde cuadrado de fondo desmontable de 20 cm.

Primero prepara la capa de galleta de almendras. Tritura todos los ingredientes, salvo las almendras molidas, en la batidora hasta que las nueces y el coco estén menudos. Incorpora las almendras molidas y bate de nuevo hasta que se hayan integrado bien. La mezcla debería ser pegajosa.

Dispón la mezcla en la base del molde y presiona bien. Asegúrate de que sea una capa uniforme.

Introduce la bandeja en el congelador y ponte manos a la obra con la capa de caramelo.

Aclara la batidora. Introduce todos los ingredientes en ella y bátelos hasta obtener una mezcla lo más fina posible.

Retira la bandeja del congelador y extiende sobre ella la capa de caramelo. Vuelve a congelar durante unas 2 h.

Transcurrido ese tiempo, saca la bandeja del congelador, extrae la masa del molde y córtala en 12-14 barritas. Para que te resulte más fácil, pasa el cuchillo por agua caliente entre una barrita y otra.

Coloca las barritas en la bandeja de horno y vuelve a meterlas en el congelador mientras preparas la cobertura de chocolate.

Mezcla los ingredientes de cobertura de chocolate en un cuenco pequeño hasta obtener una salsa homogénea.

Saca las barritas del congelador y rocía el chocolate por encima de cada barrita. Coloca sobre cada una de ellas un par de pretzels, o almendras fileteadas. Sirve de inmediato; también puedes guardarlas en el congelador hasta 2 meses. En ese caso, sírvelas recién sacadas del congelador.

PASTEL DE MOUSSE DE FRUTAS DEL BOSQUE Y CHOCOLATE BLANCO

Este pastel sin gluten y con frutas del bosque resulta sorprendentemente ligero y cremoso. Además, mi receta de chocolate blanco crudo queda genial. Puedes guardar el pastel en el congelador durante unas semanas y tenerlo así listo para servir. Yo prefiero hacer pastelitos individuales, pero también puedes preparar uno grande, si lo prefieres.

PARA 6-8 RACIONES O 6-8 PASTELITOS INDIVIDUALES

Para la base:

260 g de dátiles sin hueso

120 g de almendras molidas

2 cucharadas de aceite de coco

1 cucharada de extracto de vainilla

Para el relleno:

340 g de anacardos crudos, puestos a remojo en agua durante al menos 1 h

150 g de aceite de coco, fundido

60 ml de Leche de almendras (p. 12)

1 lata de 400 ml de leche de coco

5 cucharadas de néctar de agave

2 cucharaditas de extracto de vainilla

260 g de mezcla de bayas congeladas

Para decorar por encima:

Chocolate blanco con frambuesa (p. 201)

Bayas frescas

Hojas de menta fresca

Si vas a preparar pastelillos individuales, forra una bandeja de horno con papel de horno y coloca 6-8 moldes de acero inoxidable de 8 cm en la bandeja. Despeja el espacio suficiente en el congelador para la bandeja. Si no, forra con papel de horno un molde de tarta con fondo desmontable de 23 cm.

Para comenzar, prepara la base. Introduce todos los ingredientes en una batidora y tritura hasta que la mezcla sea homogénea.

Con ayuda de una cuchara, dispón la mezcla en los moldes, con un grosor de 1 cm. Guárdalos en el congelador mientras preparas el relleno.

Limpia la batidora y pon en ella los anacardos, ya escurridos, y tritura hasta que estén muy finos. Añade el resto de ingredientes del relleno, excepto las bayas, y bate hasta que tenga textura cremosa. Asegúrate de que no queden trozos en ella y colócala en un cuenco grande.

Limpia la batidora, introduce en ella las bayas y tritura bien. Pon un colador sobre el cuenco en el que está la mezcla del relleno y pasa por él las bayas, para eliminar cualquier semilla.

Remueve con cuidado la mezcla de bayas con el relleno, para que quede un efecto de ondas.

Dispón esta mezcla en los moldes y guárdalos en el congelador durante 2 h para que se asienten.

Retira los moldes del congelador 20 min antes de servirlos, así tendrás tiempo para decorarlos y se ablandarán un poco. Si los sirves directamente del congelador, estarán muy duros.

Si has usado moldes individuales, vierte agua hirviendo sobre un paño de cocina y envuelve con él cada molde cuando los saques del congelador. Así te resultará más sencillo desmoldarlos.

Sirve los pasteles con virutas de chocolate blanco con frambuesa, bayas frescas y unas hojas de menta.

PASTEL DE ZANAHORIA, MANZANA Y NARANJA CON GLASEADO DE ANACARDOS Y NARANJA

Me encantan los pasteles sencillos como este. Este contiene solo azúcares naturales y en lugar del glaseado habitual, repleto de azúcares, he optado por otro más cremoso a base de frutos secos, que combina a la perfección. Puedes cambiar la harina por otra sin gluten.

PARA 12-14 RACIONES

240 g de harina con levadura

2 cucharaditas de bicarbonato de soda (levadura química)

$1/4$ cucharadita de sal marina

1 cucharadita de canela molida

$1/4$ cucharadita de nuez moscada molida

170 g de azúcar de coco

125 g de nueces, cortadas

3 zanahorias, ralladas

1 manzana, pelada y rallada

La raspadura de 1 naranja

1 cucharadita de extracto de vainilla

1 cucharada de vinagre de sidra de manzana

80 ml de aceite vegetal

240 ml de Leche de almendras (p. 12)

1 cucharada de Sucedáneo de huevo (p. 32)

Para el glaseado:

100 g de anacardos, puestos a remojo en agua durante 1 h

60 ml de Leche de anacardos (p. 12)

3 cucharadas de aceite de coco, fundido

El zumo y la raspadura de $1/2$ naranja

3 cucharadas de néctar de agave

1 cucharadita de extracto de vainilla

Sugerencias de presentación:

Naranjas secas (página siguiente)

Fisalis

Nueces

Precalienta el horno a 180 °C. Forra con papel de horno un molde de tarta con fondo desmontable de 25 cm.

Mezcla todos los ingredientes secos en un cuenco grande e incorpora la zanahoria, la manzana y la raspadura de naranja. Añade el resto de ingredientes para el pastel y remueve bien.

Pon la mezcla en el molde forrado y hornea durante 35 min. Si no estás seguro si el pastel está totalmente hecho, introduce una varilla de metal en el centro: si sale limpia, está listo. Si no, hornea durante unos minutos más.

Deja reposar el pastel y que se enfríe ligeramente antes de desmoldarlo y ponerlo a enfriar por completo sobre una rejilla.

Mientras el pastel se enfría, prepara el glaseado. Escurre los anacardos e introdúcelos en la batidora con el resto de ingredientes para el glaseado. Bate hasta obtener una masa cremosa, introdúcela en un cuenco, cúbrela con papel film y guárdala en la nevera durante unos 20 min antes de cubrir con ella el pastel.

Cuando llegue el momento de servir, retira el glaseado de la nevera y, con una espátula, decora el pastel. Remátalo con las naranjas secas, las nueces y el fisalis, si lo usas.

CHOCOLATE BLANCO CON FRAMBUESA

220 g de manteca de cacao, cortada en trozos pequeños

105 g de aceite de coco

4 cucharadas de azúcar de coco

2 cucharaditas de extracto de vainilla

3 cucharadas de frambuesas congeladas en trozos

Forra una bandeja de horno mediana con papel de horno.

Funde la manteca de cacao en un cuenco al baño maría, removiendo con frecuencia. Cuando se haya fundido, incorpora el aceite de coco hasta que se funda. Mientras bates con un batidor de varillas, añade el azúcar y la vainilla y retira el cuenco del fuego.

Deja que se enfríe ligeramente y que espese antes de añadir los trozos de frambuesas. Luego dispón la mezcla sobre la bandeja de horno forrada y guárdala en el congelador para que endurezca.

NARANJAS SECAS

1 naranja, preferiblemente sin tratar

1 cucharadita de néctar de agave

Precalienta el horno a 110 °C.

Corta la naranja en rodajas tan finas como te sea posible y colócalas en una sola capa en una bandeja de horno forrada con papel de horno. Pincélalas con un poco de néctar de agave.

Hornea las naranjas durante unos 30 min. Échales un vistazo de vez en cuando y sácalas del horno en cuanto empiecen a secarse.

Déjalas enfriar en la bandeja antes de separarlas del papel y servirlas de inmediato. También puedes guardarlas en un recipiente hermético durante 3 días.

TRUFAS DE CHOCOLATE

Cuando trabajaba en cocinas profesionales, hacía trufas a menudo.
Preparábamos montones de diferentes sabores y templábamos el chocolate.
Esto último hace que quede fino y brillante, y que cruja al morderlo. Conozco un
truco para hacerlo de forma rápida sin tener que usar un termómetro.

PARA UNAS 20 TRUFAS

Para el ganache de chocolate:

480 ml de Leche de almendras (p. 12)

3 cucharadas de azúcar extrafino
(granulado) sin refinar

1 cucharadita de extracto de vainilla

700 g de chocolate negro vegano
cortado muy fino

Para el chocolate templado:

525 g de chocolate negro vegano
cortado muy fino

Para la cobertura:

75 g de avellanas, cortadas

Frambuesas congeladas en trozos

Cacao en polvo

Sal del Himalaya

Primero, prepara el relleno de
ganache de chocolate. Calienta
la leche, el azúcar y el extracto de
vainilla en una cacerola pequeña a
fuego bajo.

Coloca el chocolate en un cuenco.
Cuando la leche esté hirviendo,
viértela sobre el chocolate. Remueve
hasta que no haya grumos y tengas
una mezcla espesa y cremosa.

Vierte el ganache de chocolate en
un recipiente de plástico no muy
profundo. Esto facilita las cosas a la
hora de hacer las trufas. Cúbrelo con
papel film y déjalo enfriar en la nevera
durante unas 2 h.

Forra una bandeja de horno con papel
de horno.

Cuando el ganache de chocolate se
haya asentado, es el momento de
hacer las bolas de las trufas. Yo utilizo
un sacabolas para conseguir que sean
iguales, e introduzco el sacabolas en
agua caliente antes de hacer cada
trufa. Si no dispones de un sacabolas,
utiliza una cucharita y tus propias
manos para hacer las trufas (ite vas a
ensuciar mucho!).

Coloca las bolas de ganache en la bandeja de horno forrada y luego guárdalas en la nevera.

Mientras tanto, prepara el chocolate templado y la cobertura.

Coge una cacerola pequeña y un cuenco mediano y asegúrate de que el cuenco queda encajado en la cacerola.

Vierte agua hirviendo en la cacerola hasta la mitad y ponla a fuego medio. Dispón la mitad del chocolate en el cuenco y coloca el cuenco sobre la cacerola; asegúrate de que no toca el agua. Luego, apaga el fuego.

Con ayuda de una espátula, mezcla el chocolate hasta que se haya fundido y comprueba con el dedo si está caliente. Cuando lo esté, añade la mitad del chocolate restante y remueve hasta que se haya fundido. Cuando vuelva a estar caliente, incorpora el cuarto restante del chocolate y mezcla hasta que se haya fundido por completo.

Retira las bolas de ganache de la nevera. Pon los trozos de avellana en un cuenco no muy profundo y ten las coberturas a mano.

Forra una bandeja de horno con papel de horno.

Con la ayuda de un cuchillo, introduce cada bola de ganache en el chocolate fundido.

Para las trufas de avellana, pásalas directamente del chocolate fundido a los trozos de avellanas. Luego, usa las manos para rebozarlas por las avellanas.

Para el resto de coberturas, pon las trufas en la bandeja y espolvoréalas con los trozos de frambuesas, el cacao en polvo o la sal.

Coloca las trufas ya terminadas en la nevera para que se asienten durante al menos 1 h antes de servirlas.

TRUFAS DE CHOCOLATE, NARANJA Y PISTACHO

Estas trufas no son solo un manjar, sino que también te aportarán un montón de energía y vitalidad.

300 g de dátiles Medjoul sin hueso

4 cucharadas de cacao en polvo crudo

La raspadura de 1 naranja

2 cucharadas de zumo de naranja recién exprimido

Una pizca de sal marina

Trozos de pistachos, para recubrir

Introduce todos los ingredientes en un robot de cocina, excepto los pistachos, y tritura hasta obtener una pasta.

Humedécete un poco las manos y haz una bola con 1 cucharada de pasta. Repite hasta que la hayas usado toda y luego recubre cada bola con los trozos de pistacho.

TARTA DE «QUESO», COCO Y VAINILLA AL ESTILO NEOYORQUINO CON RUIBARBO

Este es otro postre del que también me alegré mucho cuando conseguí hacer una versión vegana, pues la tarta de queso al horno era mi postre favorito antes de hacerme vegano. Para la crema compro «queso cremoso» vegano a base de coco y para la base, galletas caramelizadas Lotus Biscoff.

PARA 10-12 RACIONES

Menta fresca para decorar

Para la base:

300 g de galletas Lotus Biscoff

160 g de «mantequilla» vegana, fundida

3 cucharadas de aceite de coco, fundido

Para el relleno:

65 g de harina de almendras

360 g de «queso cremoso» vegano

1 lata de 400 ml de leche de coco

200 g de azúcar extrafino (granulado) sin refinar

5 cucharadas de harina normal para todo uso

3 cucharadas de harina de maíz (almidón de maíz)

2 cucharaditas de extracto de vainilla

Para el ruibarbo:

4 ramas de ruibarbo, cortadas

El zumo y la piel de 1 naranja

120 ml de agua

4 cucharadas de néctar de agave

Precalienta el horno a 170 °C. Engrasa un poco un molde para tartas con fondo desmontable de unos 23 cm de diámetro y 7,5-10 cm de profundidad. Importante: si vas a usar un molde de tarta que no esté sellado en el fondo, debes forrarlo por dentro con papel de aluminio para evitar que entre agua en la tarta.

Comienza preparando la base. Tritura las galletas en la batidora hasta que estén bien deshechas. Sigue batiendo e incorpora la mantequilla y el aceite de coco. Dispón la mezcla de galletas en el fondo del molde para formar una capa homogénea en la base y por los laterales. Guárdalo en la nevera hasta que lo necesites.

Limpia la batidora. Introduce en ella la harina de almendras con el queso cremoso y la leche de coco. Mezcla hasta que esté todo muy fino. Añade el azúcar, la harina y la harina de maíz y remueve un poco más hasta que quede integrado. Por último, incorpora el extracto de vainilla según el gusto y mezcla.

Saca la base de la nevera, dispón sobre ella el relleno y alisa la parte superior para que quede bien nivelado.

Llena una bandeja de horno de al menos unos 2,5 cm de profundidad con agua e introduce en ella el molde de tarta.

Con cuidado, coloca la bandeja a media altura y hornea la tarta durante 1 h.

Transcurrida 1 h, saca con cuidado la bandeja del horno y deja que la tarta se enfríe durante 1 h antes de sacarla de la bandeja. Seca el fondo y ponla a enfriar en la nevera durante como mínimo 3 h.

Mientras tanto, prepara el ruibarbo. Tan solo tienes que cortar el ruibarbo y ponerlo en una cacerola con el resto de ingredientes; deja que cueza todo a fuego lento durante 8-10 min o hasta que el ruibarbo esté blando.

Cuando la tarta se haya enfriado por completo, desmóldala. Para cortar las porciones utiliza un cuchillo caliente, y sírvelas con el ruibarbo. Decora con un poco de menta fresca.

TARTA DE CHOCOLATE, MANTEQUILLA DE CACAHUETE Y FRAMBUESA

Este postre es una verdadera perdición, pues el relleno de chocolate es rico y cremoso. La mantequilla de cacahuete y la frambuesa le dan un sabor casi nostálgico.

PARA 8-10 RACIONES

1 ración de Masa sablé (p. 29), hecha además con 2 cucharadas de cacao en polvo

250 g de frambuesas frescas

1 cucharada de azúcar glas

295 ml de Leche de almendras (p. 12)

2 cucharadas de mantequilla de cacahuete suave

2 cucharadas de néctar de agave

1 vaina de vainilla

400 g de chocolate negro vegano en trozos muy finos

Para el crujiente de cacahuete:

225 g de cacahuetes crudos

400 g de azúcar extrafino (granulado) sin refinar

2 cucharadas de agua

Para decorar:

Cacao en polvo para espolvorear por encima

Precalienta el horno a 180 °C y engrasa un molde para tartas con fondo desmontable de 23 cm de diámetro. Prepara la masa según la receta de la p. 29, añadiendo el cacao.

Saca la masa de la nevera, extiéndela con un rodillo sobre papel de horno y colócala en el molde. Corta cualquier exceso de masa que sobresalga.

Cúbrela con un trozo de papel de horno y dispón sobre él pesos o legumbres; luego cuece la masa sin relleno durante 6 min. Retírala del horno, quita el papel y los pesos y vuelve a cocerla durante otros 6 min, o hasta que esté dorada.

Cuando la masa esté lista, déjala que se enfríe en el molde durante 5 min y luego, con cuidado, sácala y ponla sobre una rejilla para que enfríe por completo.

El primer elemento del relleno es la capa de frambuesas. En un cuenco, y con ayuda de un tenedor, machácalas junto con el azúcar glas. Luego, colócalas con una cuchara sobre un colador encima de una jarra, para extraer el exceso de líquido y que la masa siga estando crujiente.

Extiende la mezcla de forma uniforme por encima de la masa.

Pon la leche en una cacerola pequeña y añade la mantequilla de cacahuete y el agave. Con un cuchillo pequeño, parte la vaina de vainilla en dos a lo largo; utiliza el dorso del cuchillo para extraer las semillas. Incorpora las semillas y la vaina a la leche. Calienta la cacerola a fuego bajo y bate con un batidor de varillas hasta que todo esté bien mezclado y muy caliente.

Coloca el chocolate en trozos en un cuenco. Con cuidado, extrae la vaina de vainilla de la leche antes de verter esta última sobre el chocolate. Utiliza

una espátula para mezclar hasta que se haya fundido todo el chocolate y el relleno sea espeso y cremoso (¡intenta no comértelo!).

Con cuidado, dispón el relleno de chocolate sobre la capa de frambuesas y luego guarda la tarta en la nevera durante al menos 2 h.

Para preparar el crujiente de cacahuete, extiende los cacahuetes sobre una bandeja de horno forrada con papel de horno.

Funde el azúcar y el agua en una cacerola pequeña a fuego medio hasta que adquiera un color ámbar. Debería tardar unos 10 min.

Con cuidado pero rápido, vierte el caramelo sobre los cacahuetes y deja la bandeja en un lugar seguro para que enfríe durante al menos 1 h. Ten mucho cuidado al hacer el crujiente, ya que el caramelo está muy caliente. Cuando el crujiente esté frío, utiliza un rodillo para romperlo en trozos.

Para servir, corta la tarta con un cuchillo caliente y sírvela con un trozo de crujiente de cacahuete.

TORTAS GALESAS
CON FRESAS Y «NATA»

Para qué negarlo, soy galés... He cocinado esta receta durante años, haciendo mis propias variantes, pero solo conseguí la receta vegana hace un par de ellos. ¡Queda genial! Mis orígenes me traicionan... ¡me encantan estas tortas!

PARA 12-14 TORTAS

210 g de harina normal para todo uso

100 g de azúcar extrafino (granulado) sin refinar, y un poco más para la cobertura

75 g de pasas

1 cucharadita de levadura química en polvo

$\frac{1}{2}$ cucharadita de canela molida

Una pizca de nuez moscada en polvo

Una pizca de sal

125 g de «mantequilla» vegana

120 ml de Leche de almendras (p. 12)

Un poco de aceite de coco

Para la «nata» montada:

400 g de crema de coco

2 cucharadas de azúcar glas

1 cucharadita de extracto de vainilla

Para servir:

Fresas frescas

Mezcla todos los ingredientes secos en un cuenco grande. Incorpora la mantequilla vegana y mezcla con los dedos hasta que parezcan migas de pan. Vierte suficiente leche para convertir la mezcla en una masa.

Pon la masa en una superficie de trabajo enharinada y extiéndela hasta que tenga el grosor del dedo meñique.

Con un cortador de galletas de 5 cm de diámetro, corta la masa en discos.

Precalienta una sartén de fondo grueso a fuego bajo. Pon un poco de aceite de coco en ella y fríe las tortas durante 3 min por cada lado, hasta que estén doradas.

Espolvorea el resto de azúcar por encima mientras están aún calientes.

Para preparar la nata montada, pon la crema de coco en un cuenco con el azúcar y el extracto de vainilla y bate hasta que esté espesa y cremosa.

Sirve las tortas con una cucharada de nata y unas fresas frescas.

POCIONES SALUDABLES

Chute de piña

Dinamita verde

Resplandor naranja

Batido proteico
de chocolate

Purple Rain

A continuación te ofrezco una recopilación de mis batidos y zumos favoritos. Son fantásticos cuando necesito un chute de energía antes de empezar un largo día de trabajo en la cocina, o incluso después de hacer ejercicio intenso, cuando se necesitan proteínas. Puedes añadir las frutas o verduras que prefieras.

CHUTE DE PIÑA

PARA 2-3 RACIONES

600 g de piña pelada y cortada en dados

2 puñados de col rizada, cortada en tiras y lavada

1 cucharadita de chile jalapeño fresco, cortado

Un puñado de menta fresca

Un trozo de pepino de unos 12 cm

Pasa todo por la licuadora, y sírvelo en vasos. A mí me gusta que la piña y el pepino estén fríos, de la nevera, y así el zumo también lo estará.

Si no dispones de licuadora, puedes usar una batidora y colar el zumo sobre una jarra.

DINAMITA VERDE

PARA 2-3 RACIONES

1 aguacate maduro, pelado, sin hueso y cortado en dados

Un puñado de col rizada, cortada en tiras y lavada

Un puñado de espinacas, lavadas

1 kiwi, cortado

1 cucharada de hierba de trigo en polvo

1 cucharada de néctar de agave

El zumo de $\frac{1}{2}$ lima

700 ml de agua de coco

Mezcla todo en la batidora a máxima velocidad hasta obtener un batido homogéneo. Sírvelo en vasos con hielo.

RESPLANDOR NARANJA

PARA 2-3 RACIONES

6 zanahorias ecológicas, peladas

2 naranjas sanguinas, peladas

Un trozo de jengibre fresco, del tamaño de un pulgar, pelado

Un trozo de raíz de cúrcuma, de 1,5 cm, pelada

Pasa todo por la licuadora, y sírvelo en vasos. A mí me gusta que las zanahorias y las naranjas estén frías, de la nevera, y así el zumo también lo estará.

Si no dispones de licuadora, puedes usar una batidora y colar el zumo sobre una jarra.

Dinamita verde

Chute de piña

Batido proteico de chocolate

Resplandor naranja

Purple Rain

BATIDO PROTEICO DE CHOCOLATE

PARA 2-3 RACIONES

1 plátano congelado

50 g de arándanos frescos

3 cucharadas de crema de cacao cruda

2 cucharadas de cacao en polvo

2 cucharadas de semillas de cáñamo peladas

2 cucharadas de bayas de goji

1 cucharada de néctar de agave

3 cucharadas de copos de avena

600 ml de Leche de anacardos (p. 12)

Para servir (opcional):

Crema de coco montada

Virutas de chocolate

Chocolate crudo rallado

Mezcla todos los ingredientes en la batidora y sirve en vasos. Si el batido queda demasiado espeso, añade más leche. Sírvelo con la crema de coco montada, las virutas de cacao y el chocolate rallado.

PURPLE RAIN

PARA 2-3 RACIONES

1 remolacha ecológica, pelada

125 g de moras frescas

1 manzana

Un trozo de pepino de unos 12 cm

2 puñados de espinacas, lavadas

1 rama de apio

Pasa todo por la licuadora, y sírvelo en vasos. A mí me gusta que las frutas y verduras estén frías, de la nevera, y así el zumo también lo estará.

Si no dispones de licuadora, puedes usar una batidora y colar el zumo sobre una jarra.

ÍNDICE

AGRADECIMIENTOS

Me gustaría dar las gracias a las siguientes personas que me ayudaron en el lanzamiento de mi primer libro de cocina y que me han apoyado desde el principio.

Todo esto no sería posible sin el increíble equipo editorial. Gracias en especial a Helen Lewis y a Céline Hughes. También a Zoe Ross por hacer realidad mi sueño de tener mi propio libro de cocina. A Simon Smith, el genio que hizo todas las fotografías y que me enseñó un montón sobre fotografía gastronómica. A mi amigo del colegio Joe Horner, que hizo un trabajo increíble al ayudarme durante toda la sesión fotográfica, y a Jo Ormiston, quien diseñó el libro con gran talento.

Gracias a mis increíbles padres, Doug y Juliet, quienes creyeron en mí desde el principio y me permitieron hacerme con el control de la cocina la mayor parte de los días.

A mi novia Giorgia Sugarman, quien me ha apoyado siempre.

Gracias a las fantásticas marcas que trabajaron conmigo desde que puse en marcha @avantgardevegan. Gracias en especial a Ninja Kitchen UK.

Gracias a los equipos que grabaron y editaron mis vídeos de YouTube desde que lancé el canal.

Así como a mi buen amigo Mark Parry, uno de los primeros chefs con los que trabajé y a quien realmente admiro, junto con Matt Larsen.

Y gracias en especial a todos los increíbles seguidores de mis redes sociales y suscriptores de YouTube; sin vuestro apoyo, este libro no existiría.

Gaz

La edición original de esta obra ha sido publicada en el
Reino Unido en 2018 por Quadrille Publishing, sello editorial
de Hardie Grant, con el título

*Vegan 100. Over 100 Incredible Recipes
From Avant-Garde Vegan*

Traducción del inglés
Paula González Fernández

Impreso en China
Depósito legal: B 9.628-2018
Código IBIC: WBJ

ISBN 978-84-16407-53-8